明日教育

芬蘭×英美×日本×台灣

大膽想像 學習的未來

歸零思考 打造明日教育

文／何琦瑜（親子天下創辦人兼執行長）

二〇一三年，在十二年國教聚焦於「升學考試方法」的改革，引發各界爭議的當下，《親子天下》集結了連續五年的報導觀察，出版《翻轉教育》一書。希望導引讀者，把眼光放遠，視野拉大，從總體環境的變化，看見未來的需要。從而發現，教育體系需要典範轉移，社會大眾關注討論的主題，應該從「考什麼」「如何考」，轉移到「怎麼教」和「如何學」。

值得欣慰的是，三年來，教育現場掀起一波由下而上的寧靜革命，許多積極熱情的老師，打開教室，勇敢嘗試教學的創新與改變；也有更多家長同意並願意實踐：教育的目的，不是訓練孩子更善於考試，而是幫助孩子更熱愛學習。透過有效的學習，與學習工具的掌握，幫助每一個孩子，得以自我實現。

二〇一六年，南韓棋王與人工智慧 Alphago 的對戰，吸引了全世界的關注。預告了下個世代的來臨：機器人不只能夠記憶，還能分析，推理，深度思考和自我進化。人類創造出自己的敵人，憂心忡忡的預言：二十年內，近五〇％的工作會被取代，六五％的工作尚未出現。

回頭看眼前，十九世紀工業革命時代殘留下來的教育體系，二十年前擬定的課程課綱和教學內涵，要怎麼幫助現在的孩子，面對變化多端的，二十年後的未來？

這是《親子天下》這三年更為急切的關注和探問，也是全世界都在找尋的答案。OECD國家，六年間經歷了四五〇次的教改，希望透過不同的嘗試和創新，找到裝備學生未來能力的途徑。多次拿下世界評比教育競爭力第一的芬蘭，每十年進行一次課綱改革，最近一次課綱改革，更打破傳統科別的框架，讓跨科別的教導，聚焦於七種跨界能力的養成。

「我們永遠都不滿意目前現有的狀況，永遠會一直討論：怎麼樣可以做得更好？還有哪些地方可以改善？」芬蘭國家教育委員會前課綱主席如是說。

已經執世界頂尖大學牛耳的美國史丹佛大學，在創校一二五周年，提出將校內系所體制打破重建的「願景二〇二五」：十年後，大學不是「高中畢業生進來念四年」的直線性學習終點，而是一生中隨時需要，都可以「登入」的學習中心。沒有大一大二大三大四，分系主修的框架，而是建立以使命和行動為導向，打破科系，跨專業的「能力中心」。

「未來，當人家問史丹佛的學生：你主修什麼？史丹佛學生不會說：我主修政治系或資訊科技系，而是說：我正在學習政治和資訊科技，我希望以後可以改善公民參與政治的機制。」願景書中描述（見一八〇頁）。

《明日教育》一書，集結了《親子天下》近三年國內外的實地採訪，從芬蘭、美國、日本到英國，我們發現：未來的變局，單純仰賴個別家庭的投資，或是期待個別教師的熱血，都不足以因應；我們需要的是，整個教育系統，打掉重建，歸零思考。

統一課程，統一教科書，統一考試和進度，用分數分發學校的「形式公平」，必須被揚棄。用「平均值」

來衡量教育成效，淘汰「不良品」的標準化教育生產線，已然落伍。

少子化的現實，讓「每個孩子都學得會，學得好，懂得如何終身學習。」不是理想，而是國家生存和永續的必須。這也是為什麼，先進國家都在努力找方法，運用網路新科技，實現個人化學習，或是試圖改變缺乏彈性的教育體制，允許不同背景、能力、興趣、特質的孩子，有多元化的學校選擇權。

《明日教育》一書中，我們看到美國特許學校的蓬勃發展，民間企業積極投資於不同教育系統的創新與改變；連跟我們有類似升學包袱和壓力的鄰居日本，指標性的東京大學，也開始發動「火箭計畫」，接納過去體系教育所不容的「異才」，企圖提供寬容多元的課程和學習環境。

近三年來，台灣教育現場也有指標性的進步：實驗教育三法通過，允許公立學校有更多彈性和空間導入實驗教育，讓在家自學和日益蓬勃的自學團體，有正式的法源，讓台灣成為亞洲地區第一個正式立法肯定，並接納自學、另類、多元實驗教育的國度。《親子天下》亦步亦趨的報導採訪這段歷程的變化，同時援引國內外的失敗經驗，提醒體系在轉型開放的過程中，應該要注意的把關。

今日的教育系統，要如何改變，才能因應不可預期的明日世界？沒有人有「標準答案」。《親子天下》採訪團隊和《明日教育》一書，企圖探索的，也不是解答，而是世界各國嘗試改變的歷程與發現。我們並非鼓吹外國的月亮比較圓，我們也不認為台灣可以貿然移植任何一國的做法；我們所努力的，僅僅只是回歸做為媒體的角色：打開一扇窗，供應多元的訊息與素材，為所有關心教育的讀者和決策領導者，提供討論，激盪，嘗試改變的知識後援。

面對明日的教育，改革不易，挑戰艱鉅，需要同村協力，互為夥伴，參與、投入、貢獻所學，永遠帶著希望前進！

目錄

Part. 2 遇見。明日學校

適性學習，看見孩子潛能

實驗教育，孕育多元土壤

Part. 1

預見。明日課程

Part. 1
課綱改革

在芬蘭，每十年一次的課綱改革是典型流程。
我們永遠都不滿意目前現有的狀況，
永遠會一直討論：
「怎麼樣可以做得更好？還有哪些地方可以改善？」

芬蘭國家教育委員會前課綱主席
哈梅琳（Irmeli Halinen）

趨勢解讀

讓孩子具備「贏在未來的能力」

文／賓靜蓀　攝影／楊煥世

台灣中學生數學素養全球第四，學習落差卻是世界第一。二〇一五年，《親子天下》越洋來到芬蘭，探訪芬蘭正在啟動的課綱改革，如何打造最優質且均等的教育，挖掘「全球最小學習落差」的祕密。

九月下旬的芬蘭首都赫爾辛基，在陽光下顯得立體、耀眼。高緯度的芬蘭，每年有長達五個月是黑暗期，建築的設計，總是盡可能留出最大面積的窗戶、陽台、玻璃屋頂，便於拚命吸取陽光。芬蘭教育，就像孩子生命中的陽光，竭盡所能以孩子的角度出發，提供最優質、溫暖的成長元素。

和歐洲其他大都市相比，赫爾辛基有些不一樣。這是一個很樸素，但均等、有質感的城市。

芬蘭人的英文能力普遍很好，走在街頭，看不懂長長一串芬蘭文沒關係，不論問路、點菜、購物、搭公車或計程車，男女老少幾乎都能落落大方用清晰的英文跟你對話。

人人都使用智慧型手機。不管在市中心或郊區，搭公車轉電車、火車，都可以用App馬上查到時間、班次和轉乘建議，是一個規則清楚、讓人有安全感的生活環境。

過去三十年，芬蘭靠高素質、創新的一整代人力，打造了一個均富社會。世界貨幣基金（IMF）統計，二〇一四年芬蘭人均國內生產毛額（GDP）四萬九千美元，世界排名第十七，是台灣的兩倍。

芬蘭教育為什麼好？

惡土之國，把每個孩子都當寶

這個平等高素質的社會，是由一流的義務教育扎下根基。芬蘭三十年的教改，打造出全球最平均的優質公校。

二〇一五年世界經濟論壇（WEF）評比一百四十個國家的競爭力，芬蘭在小學和高等教育項目，分別名列第一和第二。根據國際學生能力評量（PISA），芬蘭孩子的學習落差，世界最低，學習表現受到家庭出身的影響最小。

投資教育，是芬蘭人投資未來，最有價值和務實的選擇。「其實芬蘭人只是為了活下去，」住在芬蘭已超過二十年的台灣媽媽李憶琳觀察。

務實的芬蘭人總愛提醒自己和訪客：「芬蘭是個小國」。夾在瑞典和俄羅斯中間，冬天長達五個月，為了活下去，這個小國鐵了心投資教育，因為「一個孩子都不能少」。根據經濟合作暨發展組織（OECD）教育綜覽的統計，芬蘭每年花在教育上的經費，占GDP的一二%，僅次於社會福利。

儘管各種經濟不景氣的消息沒停過，教育，依然是芬蘭最重要的「出口」產品。全世界都想知道，不考試、不競爭，還能卓越的祕密。

二〇一四年，芬蘭「國寶」諾基亞（NOKIA）的招牌換成微軟（Microsoft）。二〇一六年，世界經濟論壇評比，芬蘭的國家競爭力，一路從世界第四下滑到第八，失業率也高達九·五%。《親子天下》記者團隊抵達的前一天，芬蘭還舉行了一次罕見的全國大罷工，抗議政府刪減休假日和加班費，上了國際新聞。

即使這幾年，OECD國際學生能力評量排名的表現上，芬蘭逐漸被亞洲國家超越；但是在這樣艱困的環境下，芬蘭人對教育的共識並沒有改變，每十年一次透過課綱更新、帶動的教改，也沒有被攪亂步伐。

全世界都在注意，教育上的「芬蘭奇蹟」要怎麼延續？「資優生」芬蘭，還要怎麼改，替國家預備未來？

芬蘭基礎教育的課綱，被定調為教育發展的藍圖，國家未來人才的培育方向，跟每個

教育，始終是芬蘭最重要的「出口」產品。
順著「為孩子準備未來」的教育願景，
二〇一七年上路的芬蘭新課綱，透過現象跨域學習，
培養跨界、整合的能力。

人都息息相關。新課綱上路，打破科目框架、重視從生活經驗裡學習……。大家都很好奇芬蘭中小學，將怎麼把課綱改革的理想，落實在每一天的教學和課程中？

1分鐘看芬蘭

首都：赫爾辛基
人口：550萬人
語言：89%芬蘭文
義務教育：學前（6歲）、小學六年到中學九年級，公立學校占97%
環境：國土33.8萬平方公里，6%為耕地，全境有超過18萬個湖泊，北部大半在北極圈內，冬天長達5個月

二〇一六年三月，英國《獨立報》（Independent）一則「芬蘭學校將全面取消科目學習，以『主題』取代」的報導，引起國際媒體高度關注。一時之間，「芬蘭教改讓數學、歷史、藝術課走入歷史？」議論紛紛。

仔細研究主導課綱改革的芬蘭國家教育委員會（Finnish National Board of Education, FNBE）官網，以及採訪芬蘭教育現場的老師，我們得到的印象都是芬蘭老師和學校，都不認為這是一場劇烈的革命，因為過去幾年，關於跨科整合、從生活中學習，許多老師都表示：「我們早已在做了。」

教委會前課綱主席哈梅琳在《親子天下》專訪中強調，這次的課綱改革，是順著芬蘭

「為孩子準備未來」的教育願景，必然的走向。

二〇一七年上路的芬蘭新課綱強調跨界、整合，目標是培養小學生到高中生七種「跨界能力」（transversal competence）。

提出的新做法是「現象跨域學習」（phenomenon-based learning）。鼓勵老師先在生活中找出一個所有人都有接觸的經驗，可以銜接不同知識學習的「現象」（例如水的轉換），再去整合學科。這是一個打破框架的學習計畫，可以跨年級，甚至鼓勵學生參與設計課程。

在教育界服務了四十四年的哈梅琳表示：「每位學生必須在一年之內，至少體驗一次現象跨域學習。因為生活裡，數學、歷史、藝術各個科目彼此相連，老師、學生都要更多合作、創新。所以，學校裡還是有維持科別的課程。」

如何凝聚改革力量？

花四年，開放全民參與課綱改革

在這次課綱改革定案之前，芬蘭有長達四年形成共識的過程。

桑拿學校（Saunalahden koulu）校長莎漢娜（Hanna Sarakorpi）從二〇一二年起，就加入新課綱改革團隊。她回憶，這次改革帶入大量最新學習理論、腦科學研究成果，但不是由大學教授主導。每次新版本都會放上網路，開放大家討論，每一個回饋都被聽見，再據以修訂內容，她非常驕傲的說：「這是一份容納人民聲音的課綱。」

也因此，改革當前，芬蘭老師們並不會用「以不變應萬變」的敷衍、拖延態度，因為他們大多數認同改變方向，也覺得自己準備好了。老師們自主性的整合課程、重視在生活中應用的能力，純然因他們相信，「這樣的學習對孩子有好處」。

任教於赫爾辛基大學實驗學校（Viikki Teacher Training School），紮著馬尾的數學老師古尼克（Niklas Koppatz），和社會科老師，為九年級開了一門計算所得稅的專題課。

學生夢想二十年後自己想過的生活、從事的職業等，然後去思考如果要過那樣的生活，得賺多少錢？想買房，得向銀行貸款多少？能否退稅？聽來讓人頭昏的數學計算，「有很多社會學在裡面，例如所得稅的社會意義，什麼該繳稅、什麼不該繳，為何要繳？」古尼克讓學生透過思考、討論和計算，體驗一個複雜又真實的生活切面。

芬蘭語高中（Kauniasten Lukio），把歷史和數學科整合，幫助學生成立一家真正立案的公司，仲介社區和學生打工人力，如臨時保母、園丁、洗車，甚至電腦行銷，除了公司稅務得找真正的會計師幫忙，其他工作都由學生自己負責。

「學生公司」的執行長、高二的韋拉瑞（Ilari Visuri）說，他每週必須「辦公」兩小時，這門課讓他發現「當老闆最難的是支付十名員工薪水」，他有點生澀的說，去年他自己的「年薪」是四百歐元。

全世界絡繹不絕到芬蘭取經，都想了解，平常沒有標準考試，高中畢業會考是孩子面臨第一次大型考試的芬蘭四千多所公校，究竟是如何讓學習落差降到世界最低？

如何落實到課程？

老師每天做到差異化教學

答案是，每一天的差異化教學，並且不貼任何標籤。

滿心期待的訪客進到芬蘭教室，發現多半洋溢著輕鬆的氣氛，好像沒有太密集的教導。但是細心觀察，學習隨處不在。

成立才三年的桑拿學校，五百二十二個孩子就有五百二十二個學習檔案。每個轉角有小桌椅，每間教室擺著長沙發，孩子隨時討論、躺著跳著，都是學習。

赫爾辛基大學實驗學校小學部三年級，孩子用骰子練習二位數加減法，資深老師涂譚雅（Tunja Tuominen）遊走教室回答孩子的疑問，「我隨時都在做評量，用眼睛、耳朵、嗅覺……，我需要立刻知道孩子的學習狀況，這樣才可以立刻幫助他、支持他。」她像太陽一樣笑著說。

芬蘭老師給學生提供的「及時支持」，不僅是專業，也是責任。

二〇一〇年，芬蘭的教育基本法，擴大特殊教育為「學習和上學支持」，除了服務一般身心、情緒、學習障礙的孩子，特教更擴及到服務「不同學生的學習狀態」，各種支持分為三個層次，每一位接受特殊支持的學生，都必須有個別學習計畫：

(1) 一般支持：學校採行差異化教學，每位小學班級老師，採用差異化教學中的每個措施。

(2) 加強支持：班級裡的補救教學。這是暫時性的教學方式，由班級老師和兼職特教老師共同執行，以個別或小團體的方式進行。

(3) 全時間的特殊教育：分發到特教班或特教學校。

及早發現孩子的學習狀態，及時支援，是芬蘭學校持續在做的事。根據芬蘭教育統計資料，二〇一〇年有十二萬名中小學生（二三%）接受加強支持，近四成是因讀寫困難；到二〇一三年，這個數字已降到三萬五千名（六．五%）。

特殊教育，成為許多芬蘭老師再進修的第二專長。資深校長譚瑪尤（Marjut Tenkanen）說：「特教讓我更能從孩子的角度看教育，去發現每個孩子最適當的學習方式。」

赫爾辛基大學教育系特教組教授楊馬可（Markku Jahnukainen）在一篇論文中分析，及時支持的特教模式，就是芬蘭教育卓越的祕密。

「綠學校」（Hosmarinpuiston koulu）是芬蘭唯一一所學前到小二的公立特教小

1分鐘認識芬蘭 2016 新課綱

目標：小學生到高中生要有 7 種能力

(1) 思考和學習能力
(2) 文化辨讀、互動與表達能力
(3) 照顧自己、日常生活技能和保護自身安全的能力
(4) 多元語言能力
(5) 數位能力
(6) 工作生活能力和創業精神
(7) 參與、影響、對未來負責任

改變：教學現場將產生3大核心改變

(1) 從專科學習，到跨學科學習：專題式學習（project-based learning）之外，還有現象跨域學習（phenomenon-based learning）
(2) 從自己學，到更多合作學習
(3) 從重視學習歷程的「形成性評量」，到更多的「學生自我評量」

學。孩子大多來自它所在的芬蘭第二大城艾斯波市（Espoo），家住較遠、家長無法接送的，就由教育局支付計程車接送費用。

綠學校裡的「移民班」幾乎是世界的小縮影。全班八個孩子，說七種母語。有些孩子的父母是高階專業人才，有些孩子在難民營出生。

導師魯艾娃（Eeva Lumiaro）每天要用圖、比手畫腳跟孩子溝通，幫助他們及早融入芬蘭社會。

她用愛和特教專業贏得孩子的信任，「難民營出生的孩子不知道什麼是書、什麼是學校、什麼是規矩。」魯艾娃心疼他們的成長歷程，「但只要意識到自己現在安全了，他們的學習動機就很強。」

把資源用來幫助最需要的孩子，因為芬蘭人相信：「接受最好的教育，是每一個孩子的基本人權。」

台灣能學什麼？

不缺好老師，缺乏長遠規劃

鏡頭轉回台灣。

前台北市教育局課程督學、現任台北市百齡高中校長邱淑娟，在教育局課督的任內，曾帶動台北市中小學老師，透過學習共同體組成各種專業發展社群。

曾經在越南學校任教，英語流利的她每次出國旅遊，都一定深入看當地教育，帶回新的視野。過去十五年，她去過芬蘭三次，二〇一五年暑假和台北市高中校長參訪回來後，感觸特別多，她輕輕的說：「同樣是小國，同樣在做教改、課綱改革，芬蘭一直在進步，我們的教育，卻靠民間的力量苦苦撐著。」

邱淑娟看到芬蘭和台灣的差別，不在人，而在整個制度和體系，「芬蘭先做偏鄉、再做深、推廣，一步一步慢慢來，而台灣是先做大、想快速交出政績。」她明白，脈絡不同、政治氣氛不同，芬蘭教育背後的隱形推力如共識、信任、合作，很難複製到台灣。

但就如同每一位在翻轉路上的台灣老師、校長，不願也不能等大環境改變，邱淑娟期許自己先進行可以做到的部分，例如建立全校的專業對話機制、支持老師的創新教學，她也計畫讓更多老師出國，提高視野，「老師走出去，世界走進來。」

台灣不缺優秀的老師，但教育要更往前進，需要更多的配套和支援。遙遠的芬蘭經驗，讓我們看到，眼光放遠、放長，學校就是創造改變的中心，每個孩子都值得最優質的教育、最溫暖的對待。

芬蘭密碼1：一〇%錄取率的教師

國家代表隊師資撐起教育

文／賓靜蓀　攝影／楊煥世

二〇一六年，在國際上經常名列教育優等生的芬蘭，照例進行了每十年一次的中小學課綱改革，吸引了國際媒體注目。芬蘭如何催動老師和學生的跨界學習，打造最均等優質的教育？

在芬蘭，每一個人都會驕傲的告訴你：「芬蘭教育奇蹟是因為這群老師。」芬蘭最優秀的高中畢業生，想當小學老師，申請大學教育系錄取率只有一〇％。在網路上搜索相關資料，不管是芬蘭大學教授出國演講，或芬蘭駐外大使對外分享芬蘭教改經驗，他們都會提到「老師，是點亮國家的燭光」。

芬蘭老師不是一、兩個明星，而是一整個受到尊敬的「國家代表隊」。這個國家代表隊的養成，靠的是完整扎實的師培教育、緊密的支持系統、卓越的教學和研究能力，以及強烈的熱情及使命感。

老師選才

挑合適人選，給最嚴格訓練

在芬蘭，想當老師，沒有捷徑。不可能透過線上課程短期預備，而是必須經過大學三年、碩士兩年理論和實習的考驗。

從選才開始，芬蘭老師就具備卓越的「基因」。

儘管老師是最優秀高中生的首選工作，競爭激烈，但芬蘭人知道，「學業成績最優秀，不見得擁有教師特質。」目前在美國哈佛大學教育學院任教的芬蘭教育學者帕思・薩伯格（Pasi Sahlberg）分析：「芬蘭的師培系統，透過性向測驗等機制，從眾多擁有教學熱忱的年輕學子中，選出最好、最有動機的候選人。」

挑出最適當的人選，給予嚴格的專業訓練，準老師對自己期待很高。

薩柏格在《芬蘭教育這樣改！》一書中指出，全芬蘭八所大學都擁有獨特的國家整合型師培方案，師培生除必修人文學科、以及未來要教的專科科目，大學學位還必修平均約

Part. 1 課綱改革

五千個小時、一百八十個學分的教育學；碩士學位再加一百二十個學分。碩士學位代表他們具備研究、設計課程的實力。知識之外，還必須多次通過教學現場的考驗。

赫爾辛基大學實驗學校，也是「學生老師」的實習場域，總計在全芬蘭共有十一所。每天，來自世界各地的訪客穿梭在樓層間，可以隨意進入任何一間教室觀課。中學部副校長馬提瑪雅（Marja Martikainen）說，「今天『只』有台灣媒體、德國邦議會代表團，這週還要接待日本、荷蘭、法國、印度、巴西、西班牙的訪客……。」

每年，有一百五十位教育學系大二、大三的師培生，進入各班級，為期二到三個月進行實地參與備課、討論課程設計、協助班級、專科老師教學。

真正進入教室成為老師，又擁有高度自主的教學環境，學校不會用外在考試成績評斷老師，

用教養的概念，把每個孩子當成一個完整的個體，
是芬蘭老師教學能夠十分細膩的主要原因。

所以「老師都先看見學生，再去想學生需要什麼學科知識。」曾親赴芬蘭研究半年、台師大教育行政與政策研究所副教授陳佩英觀察。

以學生為中心不是宣示性的口號，而是「隨時讓孩子覺知自己的狀況和位置，幫助學生獨立學習，看到自己的進步。」陳佩英認為，用教養的概念，把每個孩子當成一個完整的個體，這是芬蘭老師教學能夠十分細膩的主要原因。

老師專業
沒段考，隨時在觀察學生需求

芬蘭老師是終身職，和台灣一模一樣的鐵飯碗制度，為什麼芬蘭老師不需教師評鑑，卻仍舊能夠不斷精進、思考以學生為中心的教學？

要回答這個問題，或許可以先看看芬蘭老師怎麼回答我們的問題：「學生不考試怎麼還會學習？」

赫爾辛基大學實驗學校小學部導師涂譚雅說：「我不是不評量學生，我每一堂都在評量，用眼睛、用耳朵、用嗅覺……。我從來不會等到教完一個月後，才給學生考試，因為我不相信用分數打擊學生，會對學習有效。」

芬蘭的中小學校長也是終身職，通常由優秀的老師轉任，扮演時時評量老師、給予協助的角色。芬蘭校長有新進老師的聘用權，透過試用期找到志同道合的老師，必要時也可以解聘不適任老師。

老師後盾

社會信任與自主的教學環境

整個社會一層層對專業的信任，讓芬蘭老師維持自主的教學環境。芬蘭老師用自己認為最恰當的教學和評量方式，來協助學生超越自己。

薩伯格表示：「老師被期待像醫生、建築師和律師一樣，用專業的判斷、創意和個人的自主權在教室裡工作。」

校長相信每位老師，會做出對學生最好的教學決定。教育主管機關也同樣都相信校長和老師。

採訪芬蘭二〇一六教改國家主席哈梅琳時，她不斷提到「依據法令」芬蘭老師必須依據課綱教學；「依據法令」地方必須在國家課綱之下發展地方課綱，我們於是很本能的問了一個問題：「不遵守會怎樣？有罰則嗎？」

哈梅琳有點不可置信的看著我們，想了想說：「我很難想像會有人刻意不遵守國家的法令規定。也許會有人理解錯誤，做錯了。」她停了一會說：「沒有罰則，芬蘭是一個彼此信任的社會。」

同樣面對改變和變局，芬蘭老師背後的支援體系和社會信任，令台灣老師羨慕。

和學生一樣，老師也需要被尊重。

陳佩英副教授在二〇一六年暑假曾帶領八位台北市的高中校長、主任，參訪芬蘭，交流彼此的改革經驗。台北市立中正高中分享改革經驗時，引起在座芬蘭學者的高度興趣和讚賞，台北校長們看到努力受到專業肯定，「一種求好心切的動機被激起，大家放棄遊玩逛街行程，每天討論參訪見聞和反思到半夜。」陳佩英笑著回憶。

當高素質的老師願意一起改變，跳脫傳統思考的框架；當法令的思考是支持老師而不是防堵，就能為老師們創造專業自主的空間。

台灣的老師也可以創造我們自己的奇蹟。

在《親子天下》遠赴芬蘭的採訪中，所有受訪對象，幾乎都具備老師的身分：校長曾經是老師、地方教育官員是老師、中央教育部官員也是老師……就連出版關於芬蘭教改揚名國際的學者，也曾經當過老師。這群國家代表師資，如何看教育？

代表1：特教老師卡緹麗

我要每個孩子都感到安全

面對班上八位有學習困難的孩子，卡緹麗像個動力引擎，充滿活力，隨時都有好玩點子，身上掛著、教室裡的各種擺設，都是她的教具。她一方面建立教室規矩，一方面又隨時關注每一個孩子，目的是營造一個讓孩子感覺安心的氣氛，跨越學習困難。

卡緹麗 Tilly Kajetski

現職：艾斯波市綠學校（Hosmarinpuiston koulu）副校長、低年級混齡特教班老師

帶這個班，很重要是建立一個結構。先是教室的規矩。想講話不是舉手，是直接從座位上站起來，孩子會耐心等我跟你們講完話，知道我一定會去找他。希望他們安靜時，我從不提高音量，只需提高我的眉毛。

再來是上課結構。每天的課表，我用圖像來表現，下課、有訪客、洗手、吃飯、講故事等，我用繩子和紙片讓他們看到，今天是星期幾、是在這個月的哪個位置、還有幾天就放假了等等。

孩子每天自我評量。有一個「好夥伴」罐子，若今天你對朋友很好，就可以放一顆石頭進去，罐子滿了我們就有遊戲時間。

教學也要有結構。每天八點進教室，我在腦中已經計畫好今天要做什麼，隨時要專注地掌握每個孩子現在需要什麼協助。例如，這個孩子學不會寫字母，全班就為了他做某個相關學習，而不是貼他標籤說「哈哈你不會」。座位相鄰的兩人，即使年級相同，也絕不會做同樣練習，否則他們自己會比較。

孩子彼此、以及孩子和我及其他老師之間的互動，也很重要。

這些都是要讓孩子覺得安全。孩子要喜歡來上學，覺得自己被接納、有朋友，他們才能學。如果有困難，我也要他們知道，可以放心的去找學校裡的任何大人幫忙。

尤其對有特殊需求的孩子，若他們帶著恐懼來，心裡想「希望老師今天不要叫我回答問題」，你就全盤皆輸了。不論多天才的老師都沒用。（整理／賓靜蓀）

Part. 1 課綱改革

代表2：數學老師古尼克

先思考，改變才有意義

綁著馬尾的數學老師古尼克，看起來還像個高中生，他愛思考，凡事都先想過，再採取行動：從選擇當老師，用電腦教數學，到觀察世界局勢對不同國籍孩子的影響，用搖滾樂傳遞「以相似取代差異，減少仇恨」的訊息。

高中時，我決定要當老師。那時我叔叔預備離婚，我認為他和嬸嬸花太多心思在自己的工作上，而忽略彼此的關係和家庭。我不要重蹈他的覆轍，想找一個有意義、有挑戰性、即使做得好也不會升官的工作，我選擇當數學老師，至今沒有後悔。

古尼克 Niklas Koppatz

現職：赫爾辛基大學實驗學校（Viikki Teacher Training School）
7~12 年級數學老師、
赫爾辛基大學講師

未來，數學勢必要逐漸轉移到更多數位教學上。轉變之前，我要先確定，哪個部分的學習可以轉移，哪個部分還是要用傳統方式。若學習效果跟手寫差不多，我就不會採用數位教學，因為差不多不等於一樣好或更好。

就像孩子開始用筆學寫字，是很好的手眼協調練習。同樣的，學數學時，若你寫下來，有助你意識到這些符號代表的意義，及意識到自己在做什麼。但若光看螢光幕，其實是把神經系統中一個重要部分去掉了。

我成長在一個愈來愈和平的時代，沒經歷到冷戰或古巴危機等事件。但近年因俄羅斯出兵烏克蘭，引起鄰國抵制，和芬蘭的關係也有點緊張，這影響到班上父母是俄國移民的孩子，他不願承認自己是俄國人。但孩子和他的父母都和這危機無關，要他們承受國家之間的仇恨很不公平。

我挑了兩首德國和美國樂團的搖滾樂，放給全校學生聽。兩首都在講仇恨，如果你只看彼此的差異，這個世界就很容易製造仇恨，但如果你專注於相似性，就不需要區分自己和不同的他人。

我希望學生去思考，我們不需要仇恨。有一天當孩子有投票權時，不要把票投給那些讓世界變得更困難的人。（整理／賓靜蓀）

代表3：藝術老師萊絲卡

孩子的學習，需要「留白」

穿著打扮很像皮克斯動畫《超人特攻隊》裡的服裝設計師「衣夫人」，藝術老師萊絲卡看到芬蘭國寶建築家對「教育要留白」的深遠影響。經歷過多次教改，她知道改變必帶來辛苦，同時也帶來對孩子的正面影響。

芬蘭人的藝術觀，很受五、六〇年代一位著名建築家阿瓦奧圖（Alvar Aalto）的影響。

他強調極簡風格和實用性，主張拋掉裝飾，留出空白或空間，他設計的家具、玻璃器皿也是如此。我覺得簡單就是美，家裡擺飾很簡單，因為我也需要有空間去思考。

這樣的藝術生活風格背後所隱含的哲學，的確影響我們的教育理念。

我們希望留給孩子空間和時間去摸索思考、用自己的方式學習。所以我也一直在檢視

萊絲卡 Sirkka Laitinen

現職：赫爾辛基大學實驗學校
（Viikki Teacher Training School）
7~9 年級藝術老師、
中學部新課綱課程改革小組成員

自己，在課堂上是否讓學生有足夠的空檔去完成學習。

比起其他國家，芬蘭學生待在學校的時間不長，我們希望孩子養成習慣在學校專心努力學習，課後讓他們安排自己的時間。

芬蘭國中小都有美術課、手工藝課（編織、勾毛線）、體育課，美術課主要上繪畫、雕塑、媒體藝術（攝影、拍片）、設計。一至六年級由班級導師來教，七年級以上美術課是選修，每週兩小時。經濟不景氣時，體育比較受重視，文化相關科目就得不到這麼多的支持。

我經歷過滿多次教育改革，一九七〇年代高中分流的大改革，我正好開始任教，當時社會大眾都很不能理解，很多資深教師不適應，大家都很哀怨，但後來慢慢的就一起愈走愈好。

之後每十年改變一次，二〇〇四年改變課綱，規定高中學生完成一定的必修學分，也要有相當的學識基礎。因必修增加壓縮到選修時間，修藝術課程的人就沒那麼多了。

新課綱有些概念就是要讓學生有更多空間去參與教學過程，我希望我們的學生對學習抱持主動積極的態度。

我們是前導學校，必須研發、設計新課程，再推廣。我們開始嘗試全校九年一貫，每個年級都以「森林」、「多元文化」為主題設計系列課程，先做些教育試驗，準備明年銜接新課綱。（整理／程遠茜）

代表4：教育局經理何撒莉

未來沒有老師，只有陪伴者

「美麗市」（Kauniainen）是芬蘭最富有的衛星城市之一，有充分的教育資源。三年前，何撒莉自我推薦擔任美麗市教育局局長下的「教育經理」一職（相當於科長）。她希望在課綱改革的關鍵性時刻，對地方教育有更大的貢獻和影響。

我喜歡做任何和教育相關的工作，藉轉換職位，希望產生更大影響力。我當過老師，也當過校長，現在，我負責三所學校，可以在社區層面影響更大，建立更多連結。過去當老師、校長的經驗，對目前的工作很有幫助。

學校是為孩子而存在，所有活動都應該圍繞著孩子。

何撒莉 **Sari Aarniokoski**

現職：美麗市（Kauniainen）教育局教育經理，負責 3 所學校（小學、國中、高中各一）

教學經驗：擔任過 10 年老師、中小學校長

如果我們談到學校，只討論老師的薪水、教學大樓，學校變成老師工作的地方，那麼，孩子在哪裡呢？所以，新課綱真正把孩子放到中心，在學習過程中，孩子不該是被動的接收者，而是主動的探索者。新課綱也把學習環境擴大到教室以外，是更自由的。

新課綱強調「創新、敢於不同」。要教育孩子創新、勇敢，去做別人沒做過的事，教育體系中的大人就要先做到，或至少要給孩子那樣的空間和能力。我的工作就是鼓勵校長、副校長勇敢的領導風格，給老師敢於不同的空間，然後老師才可以帶好孩子。

我不斷在思考，如何讓老師、校長與時俱進、和改變為伍。現在老師們在做的課程改革，等同於創意的工作，必須要在盒子外思考、踏出舒適圈。

我儘量邀請不同領域的人來和老師討論，例如：企業家、大學經濟系教授，用完全不同的語言和思考方式，擴大我們的視野和世界。這也讓老師們意識到，我們在做一件很新、很不同的事，讓大家看到新的改變即將來到。

最好的改變是大家從意識形態上就相信這個改變，自己心甘情願去改變。

新課綱希望學生了解，自己如何學習、學得如何，所以會增加更多學生的自我評量，加上整個學年不斷和老師對話，最後，老師再給一個總評。老師必須要找到一個方式，讓自己能夠隨時隨地、用各種方法去評量學生的學習進程和成果。

我希望未來沒有「老師」這個職稱，而是被稱為引導者、陪伴者。因為我們不要再用指導者的觀點，強塞知識給孩子。（整理／賓靜蓀）

芬蘭密碼2：以孩子為主體的學校

客製化學習檔案 不用數字判定孩子

文／賓靜蓀　攝影／楊煥世

隱身在小鎮公共建築裡的桑拿學校，老師自許為學習教練，五二二位學生，每人都有各自的學習計劃，一切都以孩子的學習狀態為支點，讓動機持續不墜。

離赫爾辛基約半小時車程的布基曼堤鎮（Brinkinmaentie），到處可見起重機，整個社區還在進行翻新、造鎮的施工，馬路上安安靜靜，沒有塵土飛揚。

按地址找到桑拿學校，原來它「藏」在鎮上第一棟多功能公共建築裡，這裡同時也是幼兒園、托嬰中心、社區圖書館、體育館、兒童青少年課後俱樂部、活動中心等。每天從早上六點半「營業」到晚上十點，服務全社區。

什麼叫做「以學生為中心的學習」？在桑拿學校，從硬體、課程到評量，無一不是回應這樣的需求。外觀上，它完全不像學校。走進室內，每一個角落，都在創造學生學習和交集的機會。

環境
躺在地上也能學習

大片玻璃取代牆壁，到處放置圓桌椅組，讓孩子隨時小組合作、討論，餐廳位在所有空間的中心，撤掉椅子就是一個開放的演藝廳。副校長魏米娜（Minna Welin）介紹：「這裡就像是市集，有什麼事情發生時，所有人都可以聚過來。」

這一切背後的靈魂，是教育界老將校長莎漢娜。她從二十幾年前當老師的第一天起，就在實踐

讓桑拿學校夢想成真的靈魂人物是資深校長莎漢娜。

桑拿學校從建築到課程、評量，
都以孩子需要來規劃。

「為每一個學生調整教學方式」，她也從頭參與桑拿發想、建校過程。

「教育學是管理學校的根基，沒有教育理念，學校建築不會與教學互動契合。我們的孩子不會只是坐在課桌椅上上課，整個環境都是他的學習場所，甚至他們躺在地板上的時候也在學！」她笑著說。

除了有意義的學習環境，這裡的每一個學生還擁有自己獨一無二的學習計畫。莎漢娜攤開厚厚的檔案夾，五百二十二個學生有五百二十二份學習檔案，完整記錄每個人每一年的學習狀況和成長過程。

在分為學前班到二年級、三到四年級、五到七年級、（未來）八到九年級，四個階段的課業安排中，每個孩子都有自己的學習課表、不同的作業和學習活動，確保他們能得到符合自身程度的學習進度，不會失去動機和興趣。

莎漢娜帶領四十位全職老師，為各科設計了一套「學習階段表格」。例如，芬蘭文閱讀就有從字母發音、拼字、了解短句、長句等十五個階段，清楚呈現孩子的學習現況和前進的目標。其他如寫作、數學、社交技能（包括情緒管理）等各科，也都有一套「階段表格」。

這份表格是每年三次、每次半小時的親師面談時，最具客觀的溝通內容和評量工具。親師可據此討論孩子的潛能和優勢，設計為孩子量身打造的學習地圖。雖然沒有考試，但桑拿每三個月會由特教老師為每個孩子做一次評量。學前班、低年級，老師透過跟孩子玩遊戲；中年級以上透過對話和討論，大約十到二十分鐘，特教老師就能判斷孩子的學習狀況和程度。

評量

幫孩子找到學習承諾

「我們不給學生考試，不用一個數字或成績來判定他，只要找到孩子的頻道，他們就會產生學習動機。」特教老師韋瑪雅（Marja Weckroth-Karjalainen）解釋。

她拿出一張評量表，上面畫有三個圈圈，分別代表學生的學習狀況，依序是「非常需要協助、自己可以學習、學得非常快非常好」，三個圈接續重疊，形成五種程度。評量後，學生的名字會逐一標記在五個不同的區域裡，老師再找出最適合每個孩子的學習協助或加深練習。

瑪雅稱自己為「學習教練」。她和孩子聊天，「目的是找到孩子所處的學習狀態，讓孩子說出來，他自己可以做出承諾，大人就有著力點。」瑪雅相信。

當全世界都在做各種教育改變時，桑拿的校長、老師們都相信，他們正在「帶頭改變」。他們相信，唯有如此，「當孩子離開學校時，不僅生了根，也長了翅膀。」

芬蘭密碼3：「看見未來」的政策

每十年的課程改革 儲備未來能力

文／陳雅慧、賓靜蓀　攝影／楊煥世

你期待孩子們有一個怎麼樣的未來？
你覺得如何讓這樣的「未來」發生？
芬蘭人相信要引導下一代抵達夢想的未來，需要一張名為「國家核心課綱」的地圖。

芬蘭的國家教育委員會（FNBE）是芬蘭國家人才發展的大腦和手腳。FNBE隸屬於教育、文化部，負責凝聚社會共識，每十年更新國家基礎教育的核心課綱，且負有實踐教育文化部門政策的使命，也承擔國家教育願景的研究和規劃。

已經在教育界工作超過四十年的芬蘭國家教育委員會前課綱主席哈梅琳，曾經是老師、校長、負責師培，也在地方和中央教育行政有豐富的經驗。她領導二〇一六年芬蘭新核心課綱的聚焦和誕生，希望教出能信任自己和承擔責任的下一代。

她接受《親子天下》越洋專訪，談芬蘭如何透過課綱改革，引發師生的動機和熱情：

Q 芬蘭的公立學校已經是世界一流，為什麼還要翻修課綱？

A 在芬蘭，每十年會進行一次課綱改革，通常在前一個核心課綱執行後，就會立即展開新的課綱改革計畫。這是芬蘭典型的流程。也就是說，我們永遠都不滿意目前現有的狀況，永遠會一直討論：「怎麼樣可以做得更好？還有哪些地方可以改善？」

這一次推動課綱改革時，我們意識到一個重要的核心價值——重新思考基本教育的目的。孩子們成長於一個和我們以前大不相同的社會。這一代的孩童，他們未來非常有可能會工作到二〇七〇或二〇八〇年才退休。說真的，現在我們完全無法想像，那時候是一個怎麼樣的工作環境。

要教育孩子面對未知的未來，如果想設計一張地圖帶領他們前進，我們必須先弄清楚三個關鍵的問題。

第一個問題，世界發生什麼變化？世界變化太大，學校的教學必須改變，學校不該只是被動的一直回應改變，而須扮演主動的角色帶領改變。那麼學校裡該教什麼？該學什麼？哪些事情在改變的時代，特別重要？

科技帶入這麼多資訊的時代，資料和知識太容易取得，每一個人、每天都被淹沒在資訊海中，應該沒有人能完全吸收。所以我們必須非常謹慎，哪些學校裡該「專注教」，哪些「值得學」？

第二個問題，什麼叫做好的學習？學習怎麼發生？學習的歷程是什麼？大家有沒有共識？有哪些新的科學研究和發現，我們該去研讀？又有哪些新的研究和發現，過去並沒有被納入思考。譬如，情緒對於學習的影響，情緒如何促進學習？

第三個問題，我們想要怎麼樣的未來？如何創造？我們做任何事都會影響孩子，也會影響我們的未來。當我們改變教育，也就改變孩子、改變未來。試著想一想，二〇三六年，當我們站在那個時代，回頭望，希望看到什麼？未來的我們，會希望現在的我們做什麼事情？

Q 很多國際媒體關注芬蘭的新課綱改革，大家都說在芬蘭學校，未來都將只有專題教學，傳統的科目教學要走入歷史？

A 不是這樣的，基礎教育不是一個突然的變革。新課綱上路後，專題學習只是課改的一部分，不是整個芬蘭都要轉向專案教學。其實，已經有很多芬蘭的中小學，都開始朝這個方向改變。

新課綱正式實施後，我們希望每一個老師、每一所學校都可以做到，一起往全人和整合課程方向前進。

課綱裡清楚的寫出，芬蘭基礎教育必須教給學生七個跨界核心能力，這包含了：思考和學習能力；文化辨讀、互動與表達能力；照顧自己、日常生活技能和保護自身安全的能力；多元語言能力；數位能力；工作生活能力與創業精神；以及參與、影響和對未來負起責任。

芬蘭國家教育委員會前課綱主席哈梅琳，希望透過核心課綱，教出能信任自己和承擔責任的下一代。

這些能力，過去老師們也都隱約知道，但是這次課綱中具體化表列。然後，課綱也為每一學科都設定了發展這七個核心能力的具體目標，只要老師照著科目的課綱目標教學，自然而然就能發展學生這七種核心能力。

核心課綱也明文要求，一到九年級的每一個學生、每一年都要有機會上一門跨領域的整合課程，這是學生的權利。整合課程可以是研究的專題、藝術的計畫；另外，核心課綱也要求，不同科目的老師必須一起工作發展課程；學生也必須參與課程計畫的企劃和發展。

所以學校必須要思考，怎麼樣讓老師和學生一起思考，這樣的課程裡，要做什麼？怎麼做？一年至少一門課是最低要求，但是赫爾辛基市政府就決定，赫爾辛基的中小學，每一年至少要有兩個這樣的專題課程。

這樣的設計，不只是學習科目的整合，也可以是跨年級的學習計畫。打破學習的框架，讓學生注意到，不管數學、歷史、藝術……，任一科目的知識都是彼此連結，而且都可以實用於生活中。最重要的是把知識用出來，讓知識貼近生活。

Q 不會擔心改革後，影響芬蘭在PISA的表現嗎？

A 我們是真的相信，這樣的改革將會帶來進步。我們相信學生在學校會更有學習動機，更樂在學習，只要學得快樂，就會學得更好。芬蘭的老師非常傑出、學校的設備也很完善、有很好的專業訓練，在我們還沒找到如何再進一步精進傳統知識性的教學前，一定有些別的東西要先改變。

Q 台灣學生的 PISA 成績也不錯，但同樣面對學習動機不足和學業成就差距拉大的問題，你有什麼建議嗎？

A 我恐怕沒辦法給建議。因為我們同樣都要先找到自己的問題，再坦誠的面對。我們很高興芬蘭沒有國家考試。學校裡當然有評量，尤其在這次的改革，我們更注重在教學歷程中的「形成性評量」，鼓勵學生了解自己的學習狀況，然後承擔起自己要負的責任。

評量的結果，要讓學生知道，該往哪裡去？現在自己在哪裡？能夠清楚自己的進度、要知道成功的要件是什麼？這些都是學習最重要的基礎。過去的學習只是一直把資訊塞進孩子腦袋，但是，未來他們必須有能力判斷：「我在哪裡？怎麼知道學得好不好？要怎麼改善？」

我當老師時，有非常美好的經驗，有一次和一群七歲的孩子一起上藝術課，工作之前我們先討論，這次的創作，怎麼樣叫成功？當完成時，把所有的作品放在一起，然後討論，每一件作品，哪個部分是成功的。這是一個很有趣的過程，這些學生都能找到每一件作品好的點，我幾乎不用做任何事，只是當有一些作品沒有任何學生能指出好的點，就是老師的責任去指出來。

這群孩子現在已經四十歲了，至少他們學會怎麼去信任自己，怎麼去承擔責任。這很值得花時間投資。但是老師總是太忙著說話，應該等著讓孩子自己去發問。因為當你離開學校，你必須靠自己，沒有人會在旁邊一直告訴你要做什麼，必須自己找到方向、做事的方法、和別人合作的方法。

芬蘭這次的改革更注重「形成性評量」，
鼓勵學生了解自己的學習狀況，然後要
承擔起自己的責任。

台灣現場1

新課綱 翻轉教育的最後一哩路

文／張益勤　攝影／劉潔萱

當一〇七課綱將上路，目前國中以下的學生，全部都將在新課綱的架構下學習。一〇七課綱為什麼重要？有哪一些關鍵改變必須發生，課綱的理想才可以真正落實？專家、老師、學生，他們怎麼看？

「老師的課，會考不考，考卷沒有ＡＢＣＤ選項，找不到『正解』，曾讓我非常痛苦。但現在我發現，能動腦思考問題背後的意義更重要。台灣要進步，不需要更多八股考題，而是新思維，這要靠思考激發。」

誰說小孩不懂？這段語重心長的感想，是台中長億高中國中部林宣安老師班上、九年級的學生謝彥睿，在會考前四十三天寫的心得。林宣安在學校成立自然解說社，學生自己找資料認識景點，克服心魔對陌生人解說，學習完全自己來。

林宣安讀著孩子給他的信，內心很激動，在臉書上說：「這是一個國中九年級學生的殷切期盼，大人聽見了嗎？」

「我們真的不能這樣下去，現在孩子躺著都能進高中、大學，考試沒有約束力了。如果不處理，只是讓孩子一直往前走，孩子們最終仍不知道要往哪裡去。」前台北市麗山高中教務主任藍偉瑩全台跑透透，協助各校為新課綱準備教學改變。面對老師的擔心，她很直率的指出問題。

擺脫緊箍咒

應付考試的學習，將成過去式

透過不停的學習與探索，找到自己亮點和未來方向，這是我們希望孩子在學校裡可以經歷的。但教改已經超過二十年，考試引導教學的緊箍咒仍舊無法擺脫。考試不考，老師不教、學生也不認真學。「探索」始終僅限考科，只有考科領域突出的孩子才有機會被看見。

新課綱預計在二〇一九年（民國一〇八年）上路。二〇一六年政黨輪替，時任行政院院長林全，宣布選擇嫻熟國教業務，之前曾在國家教育研究院負責設計新課綱的潘文忠接

許多高中校長把新課綱定位為新一波教改。
大量的選修和跨領域課程，考驗老師規劃課程的能力，
也從只看「分數」轉為重視「學習歷程檔案」，
更著重學生「如何學」。

任教育部長，這宣示課綱將會是優先關照的教育議題。

新課綱是第一個以學生為中心的課程綱要，強調「成就每一個孩子」，以**「核心素養」**為發展主軸，也將學生的學習定位從應付升學考試提升到以學習者為中心。

在教育現場，許多高中校長和老師把新課綱定位為新一波教改。新課綱大量的選修和跨領域課程，考驗老師教學與規劃課程的能力。「過去教學改變都在外圍，靠老師的熱情；但新課綱，把改變變成主流，將會帶來系統性影響。」協同主持高中優質化計劃超過八年，台師大教育行政與政策研究所副教授陳佩英說。

新課綱，著重在學生如何學，而非背誦知識。未來的國中國文，每學期將增加至少三篇的「自學課文」；國中數學將學習用計算機計算開根號、三角函數等複雜的數學式；國中科技課要上程式設計；自然科新增的「探究與實作」，更要跨科學習，更貼近生活。

在新課綱的帶領下，教室裡的教與學風景必須改變。學校和老師要有開發選修課的能力。新課綱要求各高中規劃四至

新課綱關鍵字 1：核心素養

核心素養是新課綱課程發展主軸。是指一個人為適應現在生活、面對未來挑戰，所應具備的知能與態度。
著重培養學生在生活情境中，真實運用知識的學習表現。教師可以運用校內外資源，進行觀察、探究、實做等教學活動。運用測驗、觀察、問答及面談、檔案等多元評量的方式，重視學生在知識、能力、態度上與實際生活的連結。

八學分**「校訂必修」**，也就是各校非單一學科的特色課程。此外，每一個高中生還要修五十四至五十八學分的選修課。

新課綱的架構下，對於普通高中立即的影響大於高職。因為高職的課程中，原本就有模組化的選修專業課程，也有大量的實作和專題。現任興大附中，曾任台南市新豐高中校長陳勇延觀察，並說：「我反而比較不擔心高職的部分。」

影響所及不僅在高中，國中生也需提早面臨學習選擇。兩年後的高中課程中，選修課將占畢業學分的三分之一。這讓高中生有了更多課程選擇，國中生選高中時，也必須深入了解高中的課程和自己的興趣性向。

這也是第一次，數十年如一日的考試，將從注重「結果」的分數，改而注重「過程」。「高中學習歷程檔案」看的不再是非黑即白的成功者經驗，而是看到學生為一件事情努力的過程。為何選擇這堂選修課？社團相處上遇到問題如何解決？

改變就在眼前，面對新課綱，我們準備好了嗎？

新課綱關鍵字 2：校訂必修

新課綱要求每一所高中必須依據學校願景和特色，發展校訂必修課程4到8學分，每個學校不同課程。校訂必修是跨領域的課程，是每位高中生的必修，以專題、實作、探索體驗為主。譬如，若是對科學領域有興趣的學生，可以挑選有科學領域校訂必修課程的學校；對外語有興趣的學生，也可以注意是否有以外語相關為校訂必修課程的高中。

挑戰1 學生必須學習選擇

二〇一六年四月，早上九點不到，桃園內壢高中，大禮堂已經塞滿了超過四百位，來自全台灣七十所高中職的校長、主任和老師。一個學校一組，討論學校要培養學生什麼能力？目前擁有哪些資源？未來要開發什麼課程？「學校旁邊有大學，應連結大學資源」、「想替有意從醫的學生開倫理課、台語課」……

新課綱提供高中開發更多選修課的空間，這些選修課可以是學科的加深加廣、補救性或是學科以外的多元選擇。孩子將依照自己的興趣、性向，挑選自己有興趣的學問，向下延伸。

選擇權交給了學生，如果少了考試的棒子，老師要用什

1分鐘看懂新課綱

全名：12年國民基本教育課程綱要總綱。目的是整合12年國教從國小到高中課程，解決過去國中小9年一貫與高中課綱分開的銜接落差。

時程：預訂在108學年度實施。目前國中七年級以下學生適用。

影響：高中學科的必修時數下降，選修課學分占1/3。且各高中須以發展特色，增加4到8學分「校訂必修」。

爭議：新課綱預計108學年上路，教育部在過渡期試圖「微調」舊課綱銜接。但微調的課綱因社會領域對台灣史上看法不一，及微調程序的瑕疵，造成「反黑箱課綱」運動。也讓社會大眾誤以為新課綱就是反黑箱運動時，要反對的課綱。

麼方法引起學生的學習動機？不同課程面對的學生也不一樣，老師還必須有規劃課程的能力。

「若有機會開選修，我想開《紅樓夢》的課，從《紅樓夢》去看園林建築、節氣、人物，建構對中國文化的理解。」台北市育成高中國文老師鄭毓瓊認為「教育不是培養學生成為專家」，學生如果有興趣鑽研國文，她希望透過選修銜接不同進路的大學教育。

未來的大學升學也會參考高中選課情形，或是要求學生在高中時選修過相關課程。也就是說，現在的國小生，未來的國中生升高中時，必須學著了解高中的課程是否符合自己的興趣、性向。

新課綱改變了課程內容，當國文課要學「自學」，數學也可以用計算機，要改變的還有老師慣用的教學方式。

新課綱上路，
國中小家長必知 5 個轉變

(1) 升大學的方式將可能改變。
(2) 選高中的標準改變。除了傳統排名，更要看學校有什麼課程？校訂必修有什麼特色？是否符合孩子的興趣性向？
(3) 生涯探索必須從小開始。學生學習探索興趣和認識自己，才能做最好的選擇。
(4) 不要過度安排學生學習，要留白培養自學能力。
(5) 家長不能再用自己的升學經驗看待孩子未來。得要有意識的認識最新的教育趨勢和學習模式。

挑戰2 教師要有系統支持教學改變

近幾年有許多老師嘗試透過教學方法的改變，從學習共同體、翻轉教育、學思達等，企圖走出傳統教學的象牙塔。二〇一六年四月，美國翻轉教室創始人強納森・柏格曼（Jonathan Bergmann）來台觀課，對台灣實現翻轉教育的速度感到讚嘆，他隨後在上海論壇中拿台灣做例子，鼓勵上海老師。

面對改變，除了老師心態與教法上的調整，有沒有系統性的支援，也是關鍵。陳佩英建議，制度上建構一個教師的支持系統，讓老師有夥伴、社群的支持。讓有經驗的老師，可以借調出來，輔導其他老師，才能讓不斷換血的教學現場有穩定的品質。

挑戰3 升大學方式必須轉變

考試領導教學的現狀，是目前推動教學改革最大的瓶頸，因為老師、家長和學生都會說：「這些課很好，但是考試又不考……。」而阻斷了改變。陳佩英直說：「大學升學是關鍵。」指出升學制度將會是解放高中課程的鑰匙，不但牽動著保守派教師的態度，也影響了重視升學的學生、家長對課程的重視。

不只普通高中被升學方式綁住教學創新，高職生該側重的技藝學習也被升學考試抹煞。一位新北市公立高職教務主任指出，目前高職生升科大，百分之百的升學率，讓高職生畢業以升學做為第一目標。但是升學考試以學科為主，不重視術科。「科大入學一樣考國英數，和一般高中生考大學一樣。」這位主任憂心的說。

教育部大考中心與各大學也為了準備新課綱正積極討論將**「高中生學習歷程檔案」**納入升學參考。包括學生在校選修、參與社團等學習狀況，希望看到過程而不只是分數。

台南市新豐高中廣告設計科的廖于婷，高一時加入攝影社團。除了假日經常帶著相機在台南巷弄間穿梭，高二接社長後，也要學習在社團與各式同學合作、溝通。豐富的學習歷程，讓她錄取國立台灣藝術大學視覺傳達設計系，是新豐高中廣設科的第一人。

「大學取才應該全面的觀察與篩選，猶如看一個人的3D攝影，四面八方看。」清華大學校長賀陳弘認為，考試只看到一個人的一個切面，但是有些能力並非考試能看出來。「學習歷程可以看出學生的學習『過程』，彌補過去我們太注重『結果』的舊習。」

新課綱關鍵字3：高中生學習歷程檔案

新課綱減少必修、增加選修，為了鼓勵學生選修自己有興趣課程，也彌補過去過度重視學生表現的「結果」。教育部宣布，2016年8月起逐步建立高中生「學習歷程檔案」，記錄下學生包括社團、選修課的學習狀況；同時也推動「考招連動」，未來大學招生希望把學習歷程檔案做為升學參考。

賀陳弘解釋，事情的成敗經常有其他因素影響，譬如運氣、師長給予的支持等，但是學生的努力、態度都應該被看到。

改變的路上總有些不同聲音。有些人認為，台灣需要更多時間凝聚社會共識再談教改，陳佩英說：「任何時候的開始，都會有人沒有準備好。全世界都在教改，其他國家並不會因為台灣還沒準備好而停止改變。」

有了近幾年翻轉教育的動能，新課綱，是教改的最後一塊拼圖。唯有真正落實，才能讓每個孩子不再坐在教室被動等老師上門，才能讓老師重新看到學生發亮的眼睛。

關心新課綱的先行者

他們這樣說……

面對即將上路的新課綱，八位來自教育現場的教授、校長、教師、學生，以及教育政策推動者、社會觀察者，他們怎麼看這段即將推行的教育改變？從不同的視角，對新課綱引領下的教育風景，又有什麼期許？

藍偉瑩（前台北市麗山高中教務主任、課程地圖工作坊巡迴講師）

好老師，不用在體制內撞牆

很多人問我，為什麼我們要配合政策，在新課綱的架構下開發課程？我都會回答，我們是用新課綱「做自己」。意思是說，無論這套教育叫什麼名字，重要的是，學校可以借此機會實現教育理想，找到學校的獨特性，新課綱給我們一個機會試試看，去實現我們想做的事情。

如果學校找不出自己要做的事情、不知道為何而做，就像沒有學習動機的學生一樣，只能符合別人的需求，被家長、大環境牽著走，最後只能培養孩子升學。

當然升學是重要的，但是一個學校不應該只有這樣。我希望孩子在高中培養一些能力，對人生有目標。我賭的是孩子一輩子。

教育就是把不可能變可能。每次改變，就是逼著老師走出舒適圈，去解決一些「算了，但是還能忍耐」的事，但是只要學校的方向明確，沒有解決不了的問題。

教育不能再只有考試。現在孩子躺著都能進高中、大學，考試的約束力不管用了。見到有人願意做改變，我都樂意幫忙，因為幫老師、幫學校就是幫學生，我不忍心

看到身邊有理想的老師一直撞牆、哀怨，也不想要學生一直「被練習」新的教學改變。

我們常跟老師講，如果這裡就是谷底，還有什麼好怕的。

（整理／張益勤）

學習，只在分數打轉很可惜

蕭竹均（反黑箱課綱參與人，目前就讀於東華大學族群關係與文化學系）

課綱決定教科書，也等於是決定學生一定得學的東西，所以課綱跟學習息息相關。這也是為什麼課綱的討論沒有理由把學生排除在外。很多人說我們已經畢業了，也用不到新課綱，何必管這麼多？可是人不能獨善其身，不能說這不關我的事，別人讀到新課綱是他家的事情，我並不認同。

新課綱具有多元性，國小也有新住民語言。我們現在每十個學生就有一個來自新住民家庭，有這樣的文化課程很棒。

新課綱的目標是達到「一生一課表」，若能落實，會讓學生更有方向。但我擔心卡在升學。

現在的多元入學還是要看成績，即使是繁星這種看似保障偏鄉、弱勢的升學管道，大學還是想要成績好的學生。這讓學生必須放棄自己想做的事情，去讀書，上好學校。讓每位高中生每天都在想，「國文如果只有十三級分我就填不上政大」、「只要把各科讀到接近滿分，我就可以進台大」。我認為十六至二十歲的年紀具有很多的可能性，但我們每天都在分數裡團團轉，不覺得很可惜嗎？（整理／張益勤）

自學將是基本能力

陳佩英（台師大教育行政與政策研究所副教授）

當我們談課綱，談的是未來，新課綱要看的是台灣到了二〇三〇年，那時候的人才，需要什麼樣的素養和能力。

新課綱把過去考試導向的學習轉成學生為中心的學習。學校教育的目的要協助學生成為自主和終身學習的學習者。

自學的能力，在目前已經不是一個遠大的夢想，而是要生存下去的基本能力。台灣已經沒有代工可以做了。很多實體工作都消失，在不久前的過去，我們還無法想像，居然連實體的銀行都即將要消失了。

在過去，沒有新課綱這個學習架構，學校要推動特色課程和教學創新，老師只能利用第八節或社團的時間在外圍做。改革很不穩定，因為要靠老師熱情。

但新課綱上路將是制度的翻轉，將會把改變從外圍、邊緣變成系統、主流。

落實新課綱，也是十二年國教精神實踐的最後一哩路，更是一塊重要的骨牌。往上會影響大學的考招選才制度，往下會鬆動國中教育。（整理／陳雅慧）

張茂桂（中研院社會研究所研究員）

沒有配套制度，只會淪為文件

我認為任何的教改，都必須在已有的基礎上循序漸進，不宜急躁。重大的體制改變，需要較長時間的廣泛溝通。教育系統並非孤立單獨存在於社會，它與政治、經濟、文化等其他體系共存共變，教育的變革同時可能牽涉到非常多的價值或者利益衝突。任何一次教改都需要有短、中、長程的目標，持續的調整、逐步去達成。

這次的新課綱、總綱，一部分延續前次教改所標榜的開放理念，例如強調適性揚才、

打破標準化、降低學習壓力等，代表前一階段的理念正漸漸成為現在的主流；另一部分也記取過去失敗的經驗，例如特別注意內部的次體系間的配套問題。

至於各領域課程的課程綱要，原本只是一份文件，它不會憑空發生作用，必須靠相關的制度來推動。

目前有兩個重要的關鍵制度在推動課程綱要，一是教科書審查制度，二是升學制度。如果教科書編寫不緊跟課綱的標準或精神，課綱就不會有強的約束力；又如果升學考試不受限於教科書、課綱的內容，現行課綱的重要性自然也會降低。

現在要社會期待在一〇八學年度開始實行新課綱，是否已經經歷充分的溝通，已經得到社會各界的充分支持，還有很多疑問。

兩年多來，好幾波的社會領域課綱「微調」抗議行動，已經造成社會、專業與校園老師之間的一些分裂，有需要重新啟動溝通，重建信任，如果不處理過去的爭議，或者讓它繼續發酵，想要在校園內建立教師社群、合作團隊，尚缺少可以樂觀的因素。

但是除社會領域還混沌不明外，我也知道很多教育專業工作者已經開始準備，他們覺得新課綱是改變課堂、改變學生學習的契機。在情感與價值上我非常認同期望改變的老師們，不過在策略上，我希望要花更多時間，把落實課綱的各種次體系與制度都架好，讓制度可以確保進步的老師、進步的課綱，真正藉此逐漸的落實。（整理／張益勤）

鄭毓瓊（台北市育成高中國文老師）

抗拒，可能是你沒體驗過它

教書第九年，遇到瓶頸。我自認是認真的老師，會把各版本的教科書看一遍，再用貼近學生的語言「翻譯」給他們聽。但傳統的講述法，再怎麼認真賣力教，就是有人睡著。

我讀完《學習的革命》深受感動，對佐藤學談的困境心有戚戚。我開始瞎子摸象，土法煉鋼自己做學習共同體。後來也出國參訪，加入教師共備社群，慢慢抓到核心。

第一年孩子面對我的改變反而覺得老師神經病。以前很好啊，為何要換上課模式？

沒有退讓是因為，有些以前上課提不起勁的孩子，在討論課上不但開始聽課，也因為課程設計與生活經驗相關，他們可以表達意見。參與課堂後，這些孩子知道自己是可以學習的，有了成功經

驗，讓他們看見希望。

做教學改變一定會遇到抵抗，但是抵抗不是他不要，而是他沒有接觸過，學生跟家長都一樣。學生聽了十幾年的講述法，現在換他講，他當然不會講，所以要給他時間練習。家長也一樣，我也利用班親會讓家長體驗學習共同體的上課方式。

現在我課前準備要花超多時間，不但對內容要熟，也要設計、修改學習單，去預想每個問題學生可能會有的答案，如何一環扣一環達到學習目標。可能醞釀期就要一至兩週，真正做也要一個星期。我參與跨校共備，遇到問題可以跟其他老師一起討論，然後再去試。有時候我回去看第一年做的講義，根本只是把講述法變成學習單而已，現在比較能掌握學生的需要，真正以學生為中心。（整理／張益勤）

孩子的成長值得等待

簡菲莉（台北市中正高中校長）

我們想像新課綱實施後，學校會依照不同性向的孩子提供不一樣的路徑。各校要考量自己的能力，發展特色，思考要招到什麼

興趣的學生、培養出什麼樣的孩子。

我們一直在嘗試的路上，希望能夠改變孩子的課表，讓他們的學習有喘息、摸索的空間，但這不代表完全拋棄現今價值觀在意的評量方式。

如今，我們高一已經有二十七門選修課，老師們發展出很成熟的課程，之後會再慢慢重整校訂必修課程。

要設計出這樣的課程非常花時間，效果無法立即顯現。我們習慣看到數據，總是求快，最好能顯現在學業成績，我們能不能忍受三年，慢慢看到孩子成長的變化？（整理／程遠茜）

台灣現場2

麗山高中科學專題加入人文思考

文／程遠茜　攝影／劉潔萱

以培養科學人才為特色的麗山，開設科學素養課程，帶入社會議題，透過討論思辨，擴大學生視野。

走進台北市麗山高中專題課的課堂，見不著教師拿著滿是筆記的課本，奮力的在黑板上抄寫，或是學生制式般的背誦課本知識。但見學生拿著空照機和討論著如何改善螺旋槳噪音，或是就著顯微鏡研究標本。

學生們透過討論、實作，做出自己有興趣的專題作品。

麗山高中自創校以來，便以培育科學人才為己任，不過，教學團隊更希望注入人文思考素養，讓「科學素養」更加完整。這堂「科學性社會議題」選修課，便由此誕生。

系統思考
讓學生見樹又見林

課本、水杯、麥克風，各科小老師總是在課前，幫老師從辦公桌上拿這些東西進教室。不過，在藍偉瑩的這堂課上，只見她從一只黑色行李箱拿出呼拉圈，隨著學生陸陸續續進來就座。藍偉瑩一邊拉好活動式白板，一邊輕鬆招呼他們坐定位。這課堂裡，沒有計劃要教完幾個單元、解完多少題目，師生間互動少了趕課的緊張。看似「鬆散、沒有紀律」的課堂管理，其實都在教師專業的掌握之中，讓學生多了幾分沉澱，專心準備進入下一趟學習旅程。

這堂「科學性社會議題」選修課，整個學期將訓練學生用不同的思考方式討論基因改造食品。開學已經上了幾週，教室裡的白板上滿是牽動基因改造相關的影響因子（元件），像是農夫、科學家、政府、企業等，但是，這些關鍵字之間是什麼個關聯？

為了讓孩子體驗系統與影響因子的互動，藍偉瑩用四週的「系統思考」方法訓練孩子理解基因改造。

她拿出準備好的呼拉圈，將學生分成三組，每一組代表一個系統，每個人扮演一種影響因子。他們必須在沒有語言、眼神、肢體的交流下，一起以單手大拇指扶著呼拉圈平穩放在地上。

一不小心，有人在最後關頭先放手了，任務便宣告失敗。學生發現，每個元件會以不同力道和方向進入「系統」，一旦遇到「不預期的影響」，平衡就難以維持。

活動結束後，各組開始在白板上討論，重新再看寫下的「基改元件」到底怎麼運作整體基因改革的產業以及會產生什麼問題。

探討社會
結合生活的學習

「科學性社會議題」教室中，同學們忙碌穿梭於討論間，這不只是科學議題，它同時包含政治、倫理、經濟等複合式的社會議題。藍偉瑩引導

麗山高中以科學高中著稱，但是為了讓科學人才為社會所用，開發科學素養的課程。

學生討論，問題的脈絡是什麼？如何改善現況？怎麼做到更好？孩子每個人桌上沒有教科書，只有各樣知識濃度更高的資料和講義，或是直接上網找資料。這堂課應用到學生課堂上學到的知識，分析資訊目的是解決問題。譬如有人剛上完了數學的「供需法則」，便開始思考在基改的系統裡，是誰有需求？需求影響的大小是什麼？

「一堂好的跨領域選修課程，需要整合學科，並且與生活連結。即便未來他們不從事相關工作，也都能成為一個可以討論公眾議題的良好公民，這就是科學素養，也是現代公民素養。」藍偉瑩期許學生不只有能力成為好公民，也能掌握自己的人生。

麗山高中提早實現了新課綱的校訂必修課程，也確立了學校不止要培養科學人才，更要讓科學人才服務社會。

趨勢解讀1：美國第四十四任總統歐巴馬 每周例行演說

讓下一代成為科技主人

翻譯／田育瑄

學寫程式，不再是面對難懂的文字符號，更不是為了當工程師、找一份好工作，而是培養邏輯、勇於嘗試，以及實現創意的過程。你準備好跟孩子一起進入這個新世界了嗎？

與電腦「合作」是近年全球教育的關鍵字，而程式語言是與電腦溝通的基礎。愛沙尼亞、英國等十五個歐陸國家，已將「程式設計」納入中小學課綱，台灣也將跟進。全世界第一位寫出程式碼的總統歐巴馬（Barack Obama），在二〇一六年一月三十日的每週例行演說中，進一步提出「全民電腦科學教育」（Computer Science For All）的具體規劃，要全美幼兒園的孩子到高中生，都能獲得完整優質的電腦科學教育，預備好未來的生涯競爭力。以下為演說全文：

我們生存在一個快速變遷的時代，各種改變影響我們的生活和工作，新的科技將取代任何可以自動化的工作，我們的勞工必需學習全新的技能才得以超越現況。

面對急遽加速的未來，我們必須自問：在新經濟浪潮席捲之下，要如何確保每個人，都能站在公平競爭的起跑點上？

答案是：「從『全民教育』著手」。

寫程式能力
等於問題解決能力

在府院雙方的大力推動下，我們提高教育標準，成功的將全美校際間過半的數位鴻溝拉近，兩黨也在國會中達成共識，通過教育法案，讓每位學生在高中都能做好升大學和有好工作的準備；在孩子、老師以及家長們的勤勉努力之下，全國高中畢業率創了新高。

而現在，我們更要為孩子的將來打下深厚的基礎，也就是說，孩子不只要開始學習與「電腦」合作，更要擁有「分析」和「撰寫程式」的能力，以增進美國在創新經濟的發展空間。

舉例來說，現在的汽車技工除了更換機油，還須著手開發機械，要能夠執行一億條電腦程式，這比打造一艘太空梭還來得複雜；醫院的護理師也要看懂數據分析，才能利用電子系統管理病人的健康，技工必須寫電腦程式，各行各業的工作者都必須嘗試，把巨大的問題拆解成一系列小問題，精準的找出最好的解決方案。

電腦科學

就跟讀寫算一樣重要

在新經濟時代，電腦科學不再是選修科目，而是基礎能力，就像讀、寫、算數一樣重要。實際上，近九成的家長都期待孩子能在學校接觸相關領域，然而，目前全美僅有四分之一的中小學提供電腦科學課程，而且，甚至有二十二個州不將電腦科學納入必修學分。

因此，我提出「全民電腦科學教育」計劃，讓全美學生，特別是女孩和少數族裔，從小培養邏輯思維，以便在未來的新經濟中拔得頭籌。

具體做法分為以下三點：

第一：我已向國會遞交四十億美元的教育預算，主要提供全美各州從幼兒園到高中完整、優質的電腦科學教育，讓孩子的能力向下扎根。

第二：從今年開始，我們將投入國家科學基金會（National Science Foundation）與國家暨社區發展組織（Corporation for National and Community Service）現有的預算和資源，在未來五年培育更多優秀的電腦教師與人才。

第三：我們將匯集中央及地方的力量，整合指標性企業與科技創投業者，並擴及各行各業的專家一同參與此項計劃。例如，紐約皇后區一位西班牙文老師，將程式設計融入課堂；紐奧良的年輕女警和她的上司開始學寫程式，就是要讓民眾更迅速獲得社區即時資訊。

如今，夏威夷州、德拉瓦州、提供搜尋引擎服務的Google，或管理客戶關係的SalesForce公司，以及幫助孩子「玩遊戲，學程式」的Code.org機構，都已承諾未來將幫助更多孩子學到相關能力。

我們每一個人正竭盡所能，讓每個孩子都有能力在高科技的全球新經濟體系中競爭。美國向來擁有偉大的建築師、思想家和發明家，而這些擁有主導科技能力的年輕世代，才是推動美國不斷強大、成長、創新、領先全世界的人，因此，我對未來充滿信心。

感謝大家，並祝週末愉快！

美國總統歐巴馬一向全力擁抱新科技，也是全球第一位寫出程式碼的總統。圖為他出席推廣「玩遊戲，學程式」的非營利組織Code.org的活動，與在場學生打成一片。
（圖片提供｜美聯社）

趨勢解讀2

程式設計開啟孩子的未來

文／張瀞文、賓靜蓀、程遠茜

曾經是宅男與工程師專屬的「程式設計」，
為何成為和閱讀、算數一樣重要的「新世代讀寫素養」？
全球瘋程式設計的現象，
將如何改變下一代的教育？

程式設計，讓你想到什麼？

一看到就頭昏眼花、充滿一堆看不懂符號的反白黑底螢幕？不修邊幅的宅男？難以溝通的電腦工程師、駭客？

這個世代的程式設計，正在顛覆你的刻板印象！全球現正興起一股不分國籍、年齡與性別的「程式熱」。

程式設計已是全世界兩億大人、小孩體驗過的「新流行」。美國非營利組織 Code.org 發起「一小時學寫程式」（Hour of Code）活動，利用動畫《星際大戰》、《冰雪奇緣》、遊戲《當個創世神》，吸引四歲到一百零四歲的人上線學寫程式。

這項全球超過兩億人參與、有史以來最大規模的學習活動，獲得美國政商、科技界的全力加持。總統歐巴馬成為全球第一位寫出程式碼的總統；微軟創辦人比爾．蓋茲（Bill Gates）、臉書創辦人馬克．祖克柏（Mark Zuckerberg）、Dropbox創作者安德魯．休斯頓（Andrew Houston），都曾錄製教學短片，直接教你寫程式的訣竅。

程式設計變成小孩的「新遊戲」。美國麻省理工學院專為兒童開發的程式語言 Scratch，藉由堆疊、組合積木式指令，創造屬於自己的遊戲、動畫、影音和故事。Scratch 官網從二〇〇七年開站以來，已有超過九百萬名會員（年齡集中於十到十五歲），創造出一千二百萬個作品。

這些國家，已著手或研議將程式設計納入課綱

▲愛沙尼亞，2012年全球最早納入中小學課綱

▲英國，從5歲開始循序漸進學習電腦科學、程式設計

▲西班牙、法國、奧地利、保加利亞、捷克、丹麥、匈牙利、愛爾蘭、立陶宛、馬爾他、波蘭、葡萄牙、斯洛伐克，這些國家均已納入課綱

▲芬蘭、比利時預計2016年研議入核心課綱

▲台灣已納入2018年要實行的「十二年國民基本教育課程綱要」

培養國家競爭力

各國政府納程式設計入課綱

程式設計，已然成為現今世界各國為驅動開創國家競爭力，而期待教育體系從小培養的基礎關鍵能力。

全世界最早將程式設計納入小學教育課綱的國家，是Skype的發源地、波羅地海小國愛沙尼亞。從二〇一二年起，愛沙尼亞孩子從小一開始，邊玩機器人邊學寫程式，希望他們「不只會用電腦，還會設計電腦、創造新電腦」。愛沙尼亞總統曾經公開說明：「對美國而言，學程式是怕工作未來被科技取代，但對僅有一百四十萬人口的愛沙尼亞來說，學程式是為善用每一個人力，將決定國家未來的生存。」

創意大國英國，也在二〇一四年將程式設計納入課綱。英國孩子從五歲起學習Scratch，到十一歲，必須具備電腦的「雙語」能力：至少能夠使用兩種程式語言。全新課程不僅教導「使用科技」，更能從「玩家」變成「開發者」，進而培養「孵育新想法，並努力去實現」的創業精神。

到目前為止，全世界已經有包括歐洲十五國、澳洲與台灣共十七個國家，正式將程式設計納入課綱。另外，南韓、以色列、荷蘭等國，程式設計雖沒有進入課綱，卻直接成為中小學課程。

美國總統歐巴馬二〇一六年一月底更直接宣布，「在新經濟時代，電腦科學不再是選修科目，而是基礎能力，就像讀、寫、算數一樣重要。」將投入四十億美元，提供各州從幼兒園到高中完整的電腦科學教育，而學習程式語言是這一切的基礎。

加值工作能力

透過電腦，分析數據、拆解問題

為什麼，程式設計成為下一個世代教育關鍵字？兩大因素，造就這個趨勢：

一、大量軟體相關工作的需求

根據美國勞工局調查，到二〇二四年全美將有一百萬個電腦科學專業相關職缺，卻只有四十萬名相關系所畢業生能勝任。在軟體逐漸主導的世界，除了程式設計師、軟體工程師，還需要更多不同類型的專業加入。

還有更多不直接和電腦資訊科學有關聯的工作，例如，金融銀行業、醫學界、新聞界、甚至娛樂業，也都需要懂程式語言和程式設計的人才。

未來，各行各業的工作者都必須透過電腦，把巨大的問題拆解成一系列小問題，找出最好的解決方案。

歐巴馬在演講中舉例，現在的汽車技工除了更換機油，還必須懂得修改上百萬條電腦程式，比打造太空梭還複雜；醫院的護理師也要看懂數據分析，才能利用電子系統管理病人健康。

二、掌控數位生活的便利

未來的日常生活，也只會愈來愈走向數位化，被電腦產品包圍。

美國思科（Cisco）及洋基通運公司（DHL）聯合趨勢報告指出，全球現在有一百五十億個科技產品，到二〇二〇年將有五百億個物聯網產品（Internet of Things）。台灣的之初創投管理顧問公司創辦人林之晨提醒，二十一世紀的現在，每個人身邊至少已經有二、三個電腦相關的用品。未來，生活中的一切，車、冰箱、電視都會透過網路驅動。林之晨說：「了解程式語言，會讓設備來服務你，更符合你的需要，而不是受限於他人的設計。」

面對全面數位化的時代，每個人都要懂得程式語言，程式語言簡單的說，就是電腦的語言。

學習程式語言，常被比喻為學習另一種「外語」。學英語讓我們得以和不同國家的人溝通，程式語言則讓我們和電腦溝通。學會程式設計，就懂得如何對電腦下指令，指揮它做出你指定的動作。

各國將程式設計納入基礎教育，主要目的不只是培養軟體工程師，更是要培養：

(1) 電腦的邏輯思維、問題解決的能力。

(2) 駕馭科技的能力，利用科技創新，來改變世界。

(3) 新的表達和創造能力。

Scratch 研發者、MIT媒體實驗室的密契爾・瑞斯尼克（Mitchel Resnick），看見全球 Scratch 愛好者創造出無數獨特的互動遊戲、影片、甚至節慶賀卡，因此主張，「程式設計是一種未來人們組織、表達、分享想法的新形式，就像學英文，不僅學單字和文法，更學會自由表達自己。」

理工不再是男性專利

透過科技助人，女孩更有自信

在這波全球程式設計運動中，女孩成為注目焦點。程式設計和理工科領域一樣，女性一直是稀有動物，目前，全世界從事程式設計相關工作的女性比例，只有一一%。因此，提高女孩參與的興趣和能力，也成為全球領袖的當務之急。各界不斷用各種方式，引發女孩投入程式設計的動機：

一、找到讓女孩起而效尤的典範。全世界第一位電腦程式設計師愛達・勒芙蕾（Ada

Lovelace），是英國著名詩人拜倫的女兒。六〇年代，替超音速協和式客機設計飛行紀錄器黑盒子軟體程式的，也是一群女性軟體工程師。

二、全球出現許多「女生專屬寫程式」的社群團體。Google 特別為女孩推出 Made with code 網站，以皮克斯動畫《腦筋急轉彎》中的主角雷莉吸引女孩進入程式世界；Girls Who Code 則集結各行業喜歡程式設計的女性，彼此交流和分享，找到安慰和共鳴。

三、鼓勵女孩學程式的動機，也和男孩不同。比起單純學程式設計的「技能」，女孩對於幫助別人、拯救世界更有興趣和感覺。因此訴求給女孩的程式設計課的包裝，絕不能以程式語言 html、Python 為標題，而必須從社會影響力、解決危機與問題的主題出發，加入情感、溫暖的元素，才會讓她們有學習動機。

程式設計風潮，也吹到台灣。

除了中小學生將在二〇一八年開始學程式設計，台大、清大、交大等大學人文、社會科系，也開出文科專屬程式設計選修課，讓學生有跨領域專長，為未來職涯「加值」。

在程式設計還未普及到每個孩子的學習之前，已經有少數孩子因此改變了學習重點，甚至生命方向。

高一的廖偉涵是自學生，原本對就學的期待是「考建中、上台大」，走一條穩當安全的人生勝利組之路。但小六那年學程式設計之後「看到一個更大的世界」。於是廖偉涵九年級開始在家自學，透過線上課程自學進階程式設計，他改變了人生的規劃，「決定冒險，目標是要去矽谷闖一闖」。

廖偉涵臉上不脫稚嫩，但說起程式設計卻滔滔不絕難掩熱情，在程式設計的學習過程裡，他除了學到程式設計的技巧，還有面對失敗、解決問題、自主學習，程式設計也為他搭了一座橋，讓他認識國內寫程式的愛好者，以及世界產業趨勢。

翻轉學習定義

沒有對錯的世界，挑戰的都是自己

程式設計的學習過程，也將挑戰傳統教育裡的舊思維和做法。

程式設計沒有所謂「唯一正解」，也因此沒有標準答案、沒有一百分。

「程式設計是個從點子發想、動手創作、不斷反思的過程，沒有所謂及格六十分、滿分一百分，每個題目都有千萬種解法，沒有『正確』與否，可以不斷挑戰以更短的程式行數，達到同樣的目標。」創造「鄉民文化」的Ptt創站站長戴志洋說。

他回想，自己從小在電腦中摸索、犯錯、揪錯、發明新的解決方案，培養了抗壓性和耐挫力。現在他成為爸爸，也不斷提醒自己，要當一個放手讓孩子不斷嘗試錯誤的父親。

程式設計同時也是培養自學、創新、實作能力的最佳方法。

台大電機系教授葉丙成從自己學習和教課的過程中體會到，「學程式最快的方法不是靠老師在台上一直講，而是靠自己學、自己動手試。在過程中常常會碰到不懂的問題，就上網找資料、或去網路論壇爬文、問人。」這種自學的訓練和能力，正是未來人才不被淘汰的關鍵。因此，他認為程式設計教育是讓孩子自己思考、設計並實作的各種創作體驗中，成本最低的方式，愈早開始學習愈好。

許多非本科系的大人，也為了工作需要，而自學程式設計，開拓了對教養、教育的地平線。

自認是電腦白痴的媽媽陳彥融，現在是網站企劃。她自學程式語言的歷程，讓她格外重視孩子邏輯思考、及動手做能力的養成。

她陪伴女兒從小一開始接觸 Scratch，「如果只是為了將來找一份好工作，那太無趣了。」她說，程式設計有趣在於，一台電腦就可以做出會跑、會動的東西，可以把腦袋中的想像力化為實際，可以不斷嘗試錯誤、修正、建構，可以觀察人們的需要、解決大家的難題，享受創客（maker）的成就樂趣。

程式設計並不會取代原有的教育價值。相反的，當程式設計教育能夠依循孩子的發展，才可能在教育領域落地生根，而非曇花一現的

程式設計，培養 7 大能力

▲了解電腦的邏輯思維
▲解決問題的能力
▲駕馭科技的能力
▲用科技表達和創造的能力
▲實做的能力
▲自學的能力
▲屢敗屢試的能力

教育流行。

「沒有標準答案」的程式設計教育，主張孩子在有趣的環境中去「玩程式」，不斷從錯誤中嘗試。它的精神和主張，影響所及絕不僅是科技與資訊教育，也將重新定義對學習的看法。

你不一定要擁抱程式設計，但必須了解它，才能在孩子開始學習程式設計時，鼓勵、支持他，勇敢駕馭科技、改變世界。

他山之石1：美國程式教育推手

他們讓全球孩子迷上程式設計

文／賓靜蓀、程遠茜

程式設計，不只是一種新時代的「技能」，更是「未來人們組織、表達、分享想法的新形式」。在美國，從總統、頂尖大學到產業界都投入推動中小學生的程式設計教育。期待的不是培養出一整代的工程師，而是背後的能力。

在美國，中小學程式設計教育有兩大關鍵推手。一是設計出最適合兒童學習程式語言 Scratch 的麻省理工學院團隊。主導教授密契爾・瑞斯尼克告訴你，為何 Scratch 讓小孩瘋狂、父母放心、老師愛教。

另外一位則是非營利組織 Code.org。從伊朗移民美國的哈迪・帕托維，把自己從程式設計中獲得的能力和夢想，推廣到全世界。創立 Code.org，以非營利組織的力量，推行線上免費課程，讓全世界的大人、小孩透過「一個小時學寫程式」就上手。

推手1：MIT教授、Scratch開發者瑞斯尼克
開發全球第一種兒童程式語言

（照片提供｜密契爾・瑞斯尼克）

瑞斯尼克 小檔案

麻省理工學院學習理論教授，
率領媒體實驗室的研究團隊，
致力開發與推廣 Scratch 語言和教學。

Scratch 是全世界第一個為兒童和電腦「溝通」而開發的「語言」，帶領無數孩子敲開程式設計的第一扇大門。藉著堆疊、組合積木式的指令，移動可愛的動畫角色，就能創造出自己的互動式遊戲、動畫、故事和音樂，和全世界分享，並交換回饋，所有資源完全免費。

Scratch 官網是讓全球父母最放心的網站之一。從二〇〇七年開站以來，超過一千三百萬名、年齡集中於十到十五歲的會員登記，創造出一千六百萬個專題，每月平均一億人次的瀏覽量，占麻省理工學院官網總流量的一成。

在全球瘋寫程式的今天，Scratch 始終緊扣「玩中學」的教育理念。研發團隊名為「終身幼兒園」（Lifelong Kindergarten），就是希望全世界的小孩和大人，都能保有幼兒邊玩邊學的學習方式和樂趣，透過不斷嘗試，去設計、創造和探索新事物。

團隊領導人、也是美國麻省理工學院（MIT）學習理論教授密契爾．瑞斯尼克（Mitchel Resnick），師事人工智慧發展先驅西摩爾•派普特（Seymour Papert），師生都服膺教育大師皮亞傑的認知學習理論，一生致力於開發鼓勵孩子主動投入的各種創意學習經驗。

緊扣玩中學教育理念

用程式設計表達分享

今年六十歲的瑞斯尼克不斷強調，支持孩子從小學習程式設計，不應僅著眼於有助未來找到好工作，更應將程式設計視為一種「未來人們組織、表達、分享想法的新形式，就像學英文不只學文法和單字，更學會自由表達自己。」他在多次 TED 演講中表示。

透過 Scratch，孩子不僅學到重要的數學、電腦概念，也同時學會創意思考、系統推理、團隊合作。「這是每個人、不論在哪個行業，都需要的能力。」瑞斯尼克說。Scratch 社群連結全世界大小玩家。許多孩子在學校和社區自組 Scratch 俱樂部，長大後進入MIT就讀，繼續擴展 Scratch 世界，讓影響更深、更遠。

二〇一三年更向下延伸，推出 ScratchJr，給五到七歲，年齡更小的孩子在手機和 iPad 上玩，也鼓勵父母和孩子一起創造。二〇一五年，瑞斯尼克成立Scratch基金會，收納所有 Scratch 相關資源，讓虛擬社群進一步實體化。

如今，每年五月的第二個星期六為 Scractch 日，全球同步線上線下玩 Scratch；每年八月由各國輪流舉辦 Scractch 年會；全球中小學老師可以在 Scratch Ed交流平台，分享、重組、再創造 Scratch 課程，討論教學經驗；定期舉辦 Scratch 實體小聚……創造出一個更全面、互動更深刻的 Scratch 社群。

二〇一五年，也是終身幼兒園團隊和樂高（LEGO）基金會合作三十週年。基於雙方共同對玩中學懷抱的熱情，希望讓孩子更投入於創意和好玩的學習經驗，瑞斯尼克也帶領終身幼兒園團隊，開發結合程式碼和樂高積木的程式語言：Mindstorm，讓孩子控制樂高機器人，引發全球瘋狂，帶動兒童學程式設計進入另一個階段。

不論是 Scratch 或樂高機器人，瑞斯尼克和團隊都沒忘記初衷，要在玩樂中保有學習欲。「程式設計的重點不在炫技，而在鼓勵、帶領孩子們從科技的消費者，轉為科技的主導者和創造者。」創始團員、也是MIT研究科學家納塔莉・芮斯珂（Natalie Rusk）對《親子天下》表示。（文／賓靜蓀）

推手2：Code.org 創辦人 帕托維

他讓電腦科學成為美國通識教育

（照片提供｜美聯社）

帕托維 小檔案

Code.org 創辦人，他運用多年科技創業經驗，集結業界名人、政府，一同正視二十一世紀公民的教育。

由美國 Code.org 提供的「一小時學寫程式」（Hour of Code）線上免費課程，掀起全球程式設計狂潮，目前已有兩億人體驗過，連政商界大老如美國總統歐巴馬、比爾・蓋茲等人，都來共襄盛舉。

Code.org 團隊自編電腦資訊課程，協助全美一百個學區推廣，成功促成全美十七州制訂教育政策，重視孩子電腦資訊教育。

這一切背後的推手，是伊朗裔的創辦人哈迪．帕托維（Hatdi Partovi）。帕托維全家來自伊朗首都德黑蘭，父親是伊朗頂尖科技大學的創辦人之一，母親也是資訊工程領域的博士，帕托維與他的雙胞胎兄弟血液裡淌著科技因子。六歲時，正值伊朗國內宗教政治革命加上兩伊戰火，他們的童年在砲聲隆隆、烽火連天的環境下度過，每天傍晚都與家人躲進地下室避難，祈禱家園可以逃過一劫。

十歲時，父親帶了一台電腦、一本程式設計的書回家，就此改變孩子的生活。帕托維在 TED 演講中回憶，父親當時告訴他們：「這電腦裡沒有遊戲，但這本書教你怎麼設計遊戲，你們自己想辦法寫個遊戲來玩吧！」於是兄弟倆開始每天花大把時間學程式語言、設計遊戲、了解電腦為何物。

憑著程式設計到掌握科技的能力，帕托維兄弟成為扎扎實實打造美國夢的典範。十二歲時，帕托維一家逃出伊朗、一路顛簸移民到美國。當時兩兄弟憑著設計程式的能力打工，賺到相當於同學十倍的薪資。日後，帕托維靠當電腦工程師的薪水，自食其力上哈佛大學，畢業後更無縫接軌進入科技圈，微軟、Dropbox、Tellme 等高科技公司，都列在他的履歷表上。

「『美國夢』象徵的是機會。科技不再只是電腦、平板、手機的代名詞，它深入醫學、能源、娛樂、交通工具等日常生活中，而當下沒有比科技更優的方式，可以創造機會、進而改變世界。」帕托維這樣分享。

為教育現場注入創業精神
讓電腦科學成為通識教育

帕托維表親看著他在頂尖科技業有成，問了一句：「為何不做一些有意義的事？」身為三個孩子的父親，他開始思考教育。

軟體科技密布於現代人的生活，但教育卻沒有培養孩子面對未來生活的關鍵能力。他發現美國仍然有九成公立學校沒有完善的電腦資訊課，於是他在二〇一三年成立Code.org，用非營利的方式整合最棒的資源，讓電腦科學變成每個孩子都有機會學到的通識教育。

二〇一五年，Code.org 推動全美中小學教師培訓，勢如破竹成功培訓一萬六千名教師。今年，他們承諾再接再厲，再培養出兩萬五千名電腦資訊課程師資。

「很多人不敢著手去影響大眾、翻轉社會價值觀，但改變過程一定會遇到困難。我能做的，只是運用矽谷創業的敏捷思維，將前所未有的創新處方，注入停滯不前的教育現場。」帕托維宣示。

他秉持著程式設計魂，用不同角度思考電腦資訊教育，勇於嘗試找出問題，並解決問題，創造更多機會，讓更多孩子理解科技、培養面對未來世界的能力。（文／程遠茜）

他山之石2：英國 Computing At School

扮演最佳後盾 幫老師克服教程式的恐懼

文／賓靜蓀、田育瑄

英國，僅次於愛沙尼亞，自二〇一四年起已將電腦科學納入全國中小學課綱。起步之際，民間非營利組織CAS，是英國教師最務實的後援機構。

程式設計、運算思維，已被視為和閱讀、算數一樣重要的基礎能力。英國孩子從五歲起，學習圖像式的程式語言Scratch，到十一歲，必須具備電腦的「雙語」能力：至少能使用兩種程式語言。英國《衛報》（The Guardian）宣稱，英國企圖以此打造「程式設計者國度（A Nation of Coders）」。

大衛・卡麥隆（David Cameron）擔任英國首相時，曾接受《衛報》專訪，說道：

「我們必須讓孩子能與世界競爭，在數位浪潮下，對程式邏輯和語言的掌控，將對未來職涯有舉足輕重的影響；而國家未來成敗的關鍵也建立在採用何種方式讓孩子學習數學、科學和程式設計，這也是我們將『一小時學程式（Hour of Code）』融入課綱，與STEM學科（科學、科技、工程、數學）共同學習的主因。」

英國前教育部長妮基．摩根（Nicky Morgan）也曾說道：「過去幾十年來，想要從事醫療與工程業的學生，才會選修數學或科學，但這套思維模式已經無法一體適用。修習STEM學科，將引導孩子們走向更開放的職涯人生。」

學程式的最終目的，是用新穎方法解決問題。要達成這個目標，需要有創意、專業的好老師。英國民間的非營利組織CAS就提供老師們最貼心的支援。

這個活躍的草根社群成立於二〇〇八年，不但與各地的大學相關科系合作，開

湯姆．柯里克

35歲，英國卡地夫都會大學資訊科學系教授、CAS（Computing At School）創始成員、威爾斯CAS主席，負責推廣中小學的資訊教育。

設線上免費教學或實體大學學位課程，提供老師在職進修、深造機會；更與教育現場無縫接軌，由各地學校的學科主任老師（master teacher）成立地區中心（Hub），目前已達二百一十個。他們不斷更新、分享電腦科學、課程實踐的相關訊息，也就近、面對面協助在地老師解決立即問題。

實用教學資源

與教育現場無縫接軌

CAS官網目前已有三千六百筆教學資源，不論是單科或融入式教學。例如，英文課利用繪本或莎士比亞劇本《馬克白》教運算思維概念；老師們也可以隨時加入近八萬筆的提問和討論。

CAS創始成員、目前負責威爾斯地區中小學資訊教育的教授湯姆．柯里克（Tom Crick），接受《親子天下》專訪時表示，「CAS最成功之處，在於它從頭開始，就設定為一個區域性的網絡，任何人都可以免費加入，每位參加的人，都想盡一己之力，改善電腦資訊教學。」

儘管程式、資訊教育入國家課綱，但是各地學校、老師仍有自主權。柯里克表示，「每所學校可以自行決定優先順序，排幾堂課、教多久；各校老師也可自行安排、設計最適合自己教學風格的課程。CAS有非常多資源可以參考，都是老師們已經在課堂上執行過的，不論是跨領域融入教學、或讓學生用程式去解決現實生活裡的問題。」

協助教師職訓

不再恐懼科技

英國也面臨師資缺乏的困境。政府經費不足、老師沒有多餘時間和精力，去學習原本教學工作之外的東西，再加上課程內容改變很快，也會產生老師教學能力上的落差，柯里克笑著說，除了直接雇用資訊科技相關科系畢業生、或向產業徵才，老師的在職訓練也不能停下來。

柯里克說：「國、高中以上的老師已經分科，會比較容易，但小學老師採包班制，比較難找到『又』懂資訊教育的老師。這時，就要靠更多的在職訓練，告訴老師們有很多資源，去除他們對教電腦的『恐懼』。各地方中心的主任老師們，扮演非常重要的角色，他們是已經在教課，可以成為觀課、互相認識、就近協助的網路。」

CAS這種「沒有『他們』，只有『我們』」的定位，是英國老師們最大的定心丸。除了無數線上教學資源，柯里克還提供一種不需電腦的電腦教學方式。由紐西蘭坎柏瑞大學（University of Cantebury）研發出來的「不插電的電腦科學（Unplugged Computer

Science）」，利用各種實體遊戲、活動，讓孩子們理解最基本的二進位、資訊理論、人工智慧等，都有深入淺出的介紹，並且有簡單背景資料說明、相關知識。

「老師們不需要是電腦專家，可以跟學生們一起學習、探索，尤其對年紀較小的孩子，與其直接去學程式語言，不如直接透過身體來玩，不但減少抽象學習上的障礙，更可以提高學習動機。」柯里克說。

台灣現場1

程式設計入課綱是教育轉機或危機?

文/張瀞文　攝影/鄒保祥
採訪/張瀞文、李京諭、王韻齡

新課綱納入程式設計課程，目的是希望台灣也趕上這波教育趨勢，培養未來人才，但要成功踏出這一步，還有許多現實待解決。

想像場景，某國小電腦教室。教室裡老師正在教五年級學生製作簡報，如何加上內建的動畫、聲音功能，讓簡報更活潑。時間穿梭到兩年後，同一間教室的五年級孩子也在學簡報，但是學生要做的是透過寫程式，做出一個符合需求的「簡報軟體」。上個月，他們剛透過程式設計，寫出人生的第一款遊戲。

這個想像中「兩年後的資訊課」，或許比現階段能夠想像的，會發生更多可能。

全世界都在夯程式設計，希望透過基礎教育培養孩子程式設計能力，讓孩子不僅有

「使用」電腦的能力，還能「創造」電腦的功能。

台灣也不落人後。

「程式設計」成為新課綱中眾所矚目的焦點，二〇一九年後，國中小學生都要學程式設計。

目前，已有零星的國中小學生接觸到程式設計。

多數縣市在少數學校的資優班或社團教程式設計，目標大多放在參加縣市舉辦的程式設計比賽，成績優異者還可以出國參賽。

少數縣市將程式設計納入國小課程。高雄市和宜蘭縣，都在五、六年級資訊課，透過圖形介面的程式設計軟體 Scratch，讓孩子體驗自己設計遊戲的成就感。

更少的學校會在國中階段教程式設計。宜蘭縣國華國中七、八年級的資訊課不僅教程式設計，還與數學、藝文課協同，學生兩年下來都會做機器人、寫電路板、設計 LED 燈等。

台灣現況

民間課程跑在學校前面

過去兩年，程式設計教育在學校系統做得很慢，但是民間卻跑得很快。

坊間兒童程式設計課程愈開愈多，以才藝班、冬夏令營形式存在，三到五天全天課程，或每次三小時的十堂課程，價位在七千至八千元。價位不低，報名狀況卻不差。線上免費的程式設計課程，也愈來愈多元。

無論是付費或是免費的課程，通常都是家庭教育資源優渥的孩子較有機會接觸。但也有熱血老師用更「翻轉」的角度，看程式設計的教育。

成大資工系教授蘇文鈺，將程式設計視為偏鄉孩子脫貧的技能。他推動「兒童與少年程式設計教學計劃」，親自帶著大學生，到嘉義東石、台南左鎮免費教當地孩子寫程式，每月上課八小時，寒暑假增加為每週一次。希望經過七年的奠基，孩子能接軌工程師賴以維生的 C 語言，具備開發 App 的能力，可以留在家鄉自行創業。

台大電機系教授葉丙成則認為，程式設計是能讓孩子體驗自己思考、設計並實作的各種創作體驗中，「成本最低的方式，也是養成自學能力的好途徑。」國內許多在家自學的學生，也都將程式設計列為必學項目。

新課綱上路後，這些原本只有資優生、家庭教育資源有餘裕的學生，或是少數縣市學生才能夠學到的程式設計，將成為義務教育的一環。

「（程式設計）以前有錢才玩得起，沒錢的孩子沒機會，以後由國家來推，每個孩子都有機會最好了！」親子部落客張美蘭是三個男孩的媽媽，欣見程式設計納入義務教育課程。張美蘭的老大小熊三年級時參加學校樂高機器人社團，學會程式設計，還曾經代表出國參賽。小熊上了國中後功課

程式設計入課綱，縣市局處長態度兩極

贊成意見：

▲這是偏鄉的機會

▲程式設計培養孩子與國際接軌的能力

▲程式設計並不是多出來的，資訊教育與創客教育是已經在做的，程式設計只是這兩者的結合延伸

▲寫程式能力可轉化成新時代所需的能力，從小培養程式能力就等於培養了創新力及解決問題的能力

反對意見：

▲基礎教育不應該什麼都想放想推、教育現場已經疲於奔命

▲師資和設備將是挑戰，沒處理好反而拉大城鄉差距

▲學習邏輯思維不一定要透過程式設計，基礎教育有更重要任務

▲國中小的學習負擔已經很大，再加上程式設計又是一個負擔

（資料來源：2016年1月26日全國教育局處長會議，記者採訪22縣市教育局處長詢問程式設計入課綱看法；整理｜張瀞文）

雖然重，寒暑假還是會約朋友一起寫程式。

程式教育納入義務教育，真如規劃初衷，可以培養孩子的邏輯思維、資訊能力，提早學會未來世界所需技能嗎？真的能讓國中小的資訊教育從被動的使用電腦，到主動的創造電腦新功能？

四關卡

決定程式教育成敗

前教育部次長，現任高雄市教育局局長范巽綠，對此非常期待。她認為，寫程式的能力可轉化成新時代所需的能力，「它必須入課綱，才會受到真正重視。」但是多數主掌國中小教育的教育局處長，對此並不看好。

在二〇一六年初的「全國教育局處長會議」上，《親子天下》記者地毯式請教二十二縣市教育局處長對此事的看法，有七成（十六位）的教育局處長知道程式教育要入課綱，但是樂見其成的不到五成（十位）。多數的擔心很務實：

關卡一：師資專業必須到位

師資是多數縣市的困難，即便認同國中小教程式設計的縣市，也認為師資是大挑戰。

新北市教育局副局長黃靜怡指出：「國小就要融入程式設計，但是國小老師的養成是包班制，沒有受過程式設計訓練。」

偏鄉的師資更是雪上加霜，「我們連主科的老師都招不齊了，怎麼可能找得到專業的程式設計教師？」澎湖縣教育處副處長莊華洲，點出了資源貧乏的偏鄉學校共同難題。

關卡二：教材必須連結業界最新趨勢

依據國中小的教材邏輯，入課綱後會有教科書廠商編課本、專家委員審課本，老師就照著課本教。「科技產業的變化是很快的，我們編審教科書都是用幾十年前的思維，無法連結產業最新趨勢。」在美國矽谷創業、這幾年返台成立「橘子蘋果程式設計學苑」的賴岳林，從業界的角度看到可能的問題。

關卡三：頻寬要能承載學生同時上線

程式設計的學習，需要仰賴大量雲端資源，很多偏鄉學校的頻寬，並不足以供應同時兩、三班的學生一起上網。資訊教育在硬體設備更新上，也常見資源落差。

關卡四：國中小課程必須全面跟著調整

不少局處長一聽到未來程式設計要入課綱，第一反應是皺眉頭，「又來了，〇〇〇都還沒推完又要推新的！」推動程式教育者多半呼籲，國中小教程式教育，不是要將每個孩子都訓練成工程師，而是要藉此培養邏輯思維。

「邏輯思維能力的培養，不盡然要透過程式設計。」台南市教育局局長陳修平點出很多國中小教育工作者的憂心：「想推的教育太多，要鎖定目標，不能什麼都塞進國中小。」

相對於縣市教育局處資源左支右絀，有人認為國中小教程式設計教育，可能成為科技產業的另一波商機，也可能被有心人士，當成商機來操弄。資深科技人林信良為文指出，程式設計入國中小課程後，「若推廣成功，有心人士可以賣軟體、可以賣硬體、可以賣教育訓練，如果有機會贏得公家相關單位的一致採用，那真的是躺著賺了。」

程式設計怎麼教，這些縣市有創意！

宜蘭縣：

▲全縣五、六年級資訊課學程式設計教Scratch

▲縣網中心把教材教案做好、也有教學影片

▲偏遠、師資有困難的學校，提供老師到校授課

▲把程式設計當創客教育的延伸

嘉義市：

▲發起1校1課程，如A校發展「程式教育×藝術教育」、B校「程式教育×音樂教育」

▲19間共備學校

高雄市：

▲市內6所學校和屏東、台東、台南、澎湖各1所學校共同推動「用程式翻轉城市」計劃

▲校內學生社團、教師社群、產業合作，透過線上社群討論程式設計教學的方式

面對程式設計這「新的開始」，各縣市的憂心很務實，但是這些擔心並非無解。已經推程式設計教育八年的宜蘭，一開始也面臨硬體不足、師資不專業的問題。硬體部分，教育處統整每年可更新二五％資訊設備的資源，每四、五年汰換全部硬體，讓校與校的資源差異縮小。為了降低成本，宜蘭縣推程式設計不結合樂高機器人，反而視為「創客教育」的延伸，所有動手做的素材都儘量來自生活、低成本。教材與師資部分，縣網中心把教材教案都做好、也有教學影片，對於偏遠、學校師資實在有困難的，他們還提供老師到校教學。

城鄉教育差距

縮小或擴大在此一役

不僅地方教育局處、基層老師擔心，也有家長聽聞程式設計要納入國中小課程後驚呼：孩子學程式設計，我不會寫程式，如何指導孩子？怎麼考試？需要補習嗎？

其實程式設計進入國中小課程，可以想像成國中小的美術課突然必須學水墨畫。評量方式不是紙筆測驗要寫「標準答案」，而是類似藝能科完成專題或是作品，因為升學考試不考，也沒有標準化評量分分計較判高下，所以短期內不會形成孩子的學習壓力。父母比較要擔心的是，因為師資、硬體及教材尚未到位，「國中小學程式設計」這件事可能徒具

形式，沒有給孩子真正的學習。

台灣程式設計教育正要起步，每個孩子都有機會創造電腦新功能供全世界使用，鬆動崇拜傳統知識權威的國中小教育，以回應快速變化的世界。程式設計教育將揭開國中小教育嶄新的一頁？或是成為民間活力大於政府教育、拉大資源落差的困境？關鍵在教育主管機關能不能清楚和家長及基層教師溝通：國中小程式教育要教學什麼？怎麼教？有沒有建構專業、強而有力的後援系統，使得城市和偏鄉，都擁有一樣的硬體、頻寬及師資？若能如此，藉由程式設計教育的普及，弭平城鄉數位落差、降低教育的不平等，才有可能實現。

程式設計入課綱推手——中研院院士李德財

讓孩子懂程式設計，接軌國際

（黃建賓攝）

新課綱上路後，程式設計納入資訊科技領域，中小學生都要學程式設計。雖然資訊學科不是考科，但在高中可以用選修的方式開課，提供加深加廣的學習。我們也要鼓勵大學，將程式設計等選修課程納入甄選考量，讓學習程式設計的高中生有管道甄試入學，我相信這樣的誘因機制，會吸引更多人投入。學生與家長也會更安心，不會覺得學程式設計是一場空。

目前台灣有一些零散的老師，在做程式設計的教材研發，讓學生透過遊戲來學習，這些各自的能量，如果能夠透過政府重視程式設計的政策宣示，挹注資源來整合，加上民間企業的支持，一定可以發揮綜效。

國外有很多程式設計的社群或俱樂部（像 Code Academy, Code Club 等），提供學生課外學習程式設計的機會，這些公益社群，都有企業界的大力支持。因此，除了政府的政策引導，也需要社會企業的贊助，才能動員有志之士來組織社群，帶著老師、學生一起學習程式設計。

我們現在看到很多的平台，都是因應人們的需求而建立。未來還會誕生什麼平台提供服務，解決人類面臨的挑戰，我們無法預知，但是如果我們懂程式設計，就有機會解決自己的問題，與國際接軌並占有一席之地。（採訪整理／張益勤）

台灣現場2：高雄市民權國小教師 葉士昇

阿宅老師出擊 來一場資訊小革命

文／林韋萱 攝影／鄒保祥

程式設計入課綱後，在可見的未來，資訊教師將會是第一線的重要推動者。一位既宅又文青的非典型資訊老師，正在進行一場教育小革命。大家原本「視而不見」的公共圖書館資源，在他的引介，都是微學習的最好幫手。

他是教育噗浪客創辦人、南投縣頭社國小校長洪旭亮口中的「死文青」。讀的書是尼采；聽的音樂是爵士樂第一夫人——艾拉・費茲潔拉（Ella Fitzgerald）；可以滔滔不絕的聊摩卡壺在高壓下，要使用哪種咖啡粉才嘗得出好風味；他還買了一台價值兩萬九千元的定焦相機，因為「連空氣的感覺都拍得進去」。

高雄市民權國小資訊組長葉士昇，是個非典型資訊老師。他有阿宅的特質，大小事都要透過 Google 找出最佳解決方案。老婆要他通馬桶，他上網查到便宜好用的通管器；家裡馬達有「水錘」聲（牆壁內水管的異聲），也是靠網路解決。

同時，他也很「人文」。看到了高雄六龜鄉種芒果的阿甘姨無法維持生計的故事，他賭上自己敏感的喉嚨，品嘗了阿甘姨的芒果乾，確定無人工添加物後，在網路論壇 Mobile01 發了一篇「芒果乾勸敗文」，引起熱烈訂購。也因為阿甘姨的故事，讓葉士昇深刻體會到「原來科技真的能幫助人」。

在教育界，只要提到「數位閱讀」就會想到葉士昇。葉士昇曾經花了幾年研究全台灣圖書館的館藏，並且走透透辦理研習，為的就是把公共、免費的閱讀推廣給大眾。公共圖書館有成千上萬本的雜誌、電子書可以免費閱讀，這對偏鄉孩子來說是最好的自學資源。但是，每當政府單位談到「資訊教育」，就開始灑錢、劃大餅。葉士昇認為，不如先盤點好現有資源，好好推廣更重要。

在教育界，只要提到「數位閱讀」
就會想到葉士昇。

善用微學習平台

資源寶庫，十分鐘也能進修

另外，高雄市政府教育局的微學習站台，也是葉士昇建立的教師進修寶庫。收錄了上千支聲音檔，內容從公共圖書館的使用、軟體教學、各領域學習資源都有。最貼心的是，每段影片都剪成十分鐘，很適合老師利用零碎的時間進修，所以稱之為「微學習」。

葉士昇在生活中也完全落實了「微學習」的精神。他在噗浪社群上代號是 sponge（海綿），期許自己求知若渴。他在健身時，把 iPad 架在器材上就開始看TED演講；健走時不方便看螢幕，沒關係，把影音檔轉成MP3，這樣可以邊運動邊學習。也因此，洪旭亮對葉士昇的學習態度大為欽佩：「運動的時候，我們連喘氣都來不及了。」

據葉士昇說，他其實並非3C成癮者，三不五時還是會帶著全家到花東鄉下過幾天沒有網路的日子。而且，需要深度思考時，他也比較習慣用紙筆構思。

說著說著，他從「台灣教育噗浪客（TPET）」的書包裡捧出一本活頁本。這是日本特製二十九孔活頁本，因為規格特殊，連紙都很難買。筆記本上蓋了他自己的藏書章，其中一個是澎湖文石，很講究的用金剛砂刻了「得閒」兩字。

然而，他卻一點也不得閒。除了讓微學習見縫插針塞滿生活外，他連半夜睡覺都有源源不絕的點子。

像是他看了日本節目《來去鄉下住一晚》，突發奇想來個「來去台東住一晚」。跑去台東市康樂國小開課研習，讓東部的老師也能接觸西部的資源。最近，他為了讓校長體驗程式編碼網站 Code.org 的好處，很「翻轉」的讓學過這套網站的學生，在校長研習上親自指導校長。

葉士昇平常愛看日本漫畫，像是《匠三代》、《銀之匙》等，自己也如同主角般充滿了追求完美的「職人精神」。

高雄市政府教育局資訊教育中心主任林芳白，也是葉士昇借調到教育局的主管，回想起有次要葉士昇訂購一件資教中心的制服。本來是件瑣碎的小任務，結果葉士昇從布料、選圖都非常要求，不滿意就要求廠商重做。

降低資訊教育門檻

不僅客製化，也要生活化

葉士昇對研習尤其認真，每每要花上一個月才能準備好一場演講。他自訂了一套極龜毛的研習流程：先是用九宮格、心智圖來構思主題、順序、想梗。演講完後，還要檢討有沒有達成預設目標。

「研習必須客製化」這是葉士昇對自己的期許，而不是一套講稿行遍天下。像是在社區保母的研習中，他教一群阿公、阿嬤使用 YouTube 跟圖書館的電子繪本，因為這些是保母在家帶小孩會使用到的工具。

雖然自己對科技精熟，但葉士昇非常強調資訊教育一定要門檻低、生活化。「資訊是人生的延伸，不用刻意學，」他所做的事情就是「讓資訊普及」。在這個人人有設備，卻不知如何使用的時代，葉士昇幫有心學習的人開了天眼，讓本來視而不見的寶貴資源，統統浮現眼前。

「微學習」教學小幫手

1.公共圖書館資源應用2015版

goo.gl/qOlsbC

免排隊、免花錢，公共圖書館讓你在家就能用。這系列影片，彷彿專業圖書館員，從如何辦館證，到繪本如何使用都告訴你。

2.五吋手機的小冒險

goo.gl/RpJ1Ge

手機不是只能用LINE跟玩遊戲。「五吋手機的小冒險」破解手機功能，馴服你的手機，讓它成為數位助理、隨身英文老師。

3.教學與自學資源

goo.gl/5iboUO

葉士昇花了數年，蒐集各學科好用資源，包括：奇美博物館、台大開放式課程等。更進一步告訴你這些資源怎麼用最聰明，讓你的自學本領大增。

Part. 2

遇見。明日學校

我們將打破科系界線，
將不同專業領域的教授聚集，
開發整理各種課程。
不再用一棟棟大樓分割學術專業，
而是根據需求，打造彈性的學習基地。

未來的學習，不是攸關你知道什麼，
而是你如何運用所學……

史丹佛大學二〇五〇年想像藍圖

五大行動 發展孩子天賦

趨勢解讀

為什麼體制內的教育，沒有辦法培養出未來的人才？
從美國、日本到台灣頂尖大學教授，紛紛捲起袖子辦學；
OECD國家，六年經歷四五〇次教改。
他們，在找尋什麼答案？

文／陳雅慧　攝影／楊煥世

在美國東北麻州距離哈佛大學開車約半小時，一路繞著樹林和田野的郊區小路，《親子天下》採訪團隊，狐疑的踏進了一棟樸素、美麗、白色的十九世紀老房子。推開門，裡面像家一樣，有廚房、大大小小的交誼廳，每一個空間牆面都是滿滿的書。四歲到十九歲的孩子散在不同的空間，聊天、打電動、畫畫或一個人看書……親切的行政人員帶我們上下走完一輪。這時，我們心裡疑惑終於出口：「請問……老師呢？」「這裡沒有老師。」

十九歲的行政女孩爽快回答。

這不是即興的教育實驗，而是一九六八年就創辦的瑟谷學校（Sudbury Valley School）。至今仍深深影響全球的另類教育。從美國、歐洲到亞洲，有超過五十所學校採用「瑟谷學校」模式成立起自己的學校。

也在麻州，記者踏進另外一所蒙特梭利學校小學部高年級教室。三間教室打通，不一樣的角落，裝置著不同的學習元素，看得出來是科學實驗、電腦、地理、生物角落。還有像家一樣寬敞的廚房和中島、舒服的沙發、大大小小不同形狀的桌子，孩子可以自由聚在一起。看起來很「資深」的老師在旁，身邊隨時有學生繞著討論事情。

觀察一陣子，我們忍不住了：

「請問老師，你平均每天大約有多少時間『講課』？」停了一晌：

「喔，幾乎沒有。」高年級主教師維克・楊（Victor Young）回答。

「沒有？那……請問老師你多半時間都在做什麼？」「喔，觀察。」

沒有老師，要如何啟動學習？

沒有課程，怎麼知道要學什麼？沒

在蒙特梭利小學，每個學生功課表都不同，自己計劃、自己實踐。

圖為美國麻州瑟谷學校。

過去，教育體系是單行道，一旦岔出去，就回不來主幹線。
但打破既有框架的「學校」，卻給了孩子不一樣的機會。

為未來而教！政府、學校、家長心態正在改變

政府拚教改

1/5

受完國民教育的年輕人，五分之一缺乏基本適應社會能力

450 次

OECD 會員國 2008-2014 年 6 年間共進行 450 次教育改革，其中 29% 教改目的，是為了裝備學生的未來能力

學校更多元

1,056 所

2014 年全球已有 1,056 所華德福學校，成長驚人

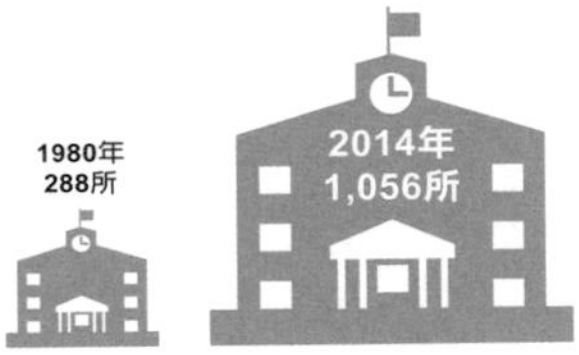

118%

公辦民營性質的美國公立特許學校數量，10 年成長 118%

2004年2,959所

2014年6,440所

6.4 倍

美國為了培養下一代的語言能力，中文學校 7 年成長 6.4 倍

2006年 23所

2013年 147所

學生自學增

177 萬人

美國在家自學人數 1999 年 79 萬，2011 年增加為 177 萬

55%

美國中小學生全職註冊線上課程人數超過 30 萬人，4 年成長 55%

2009年20萬人

2013年31萬人

5.3 倍

台灣國中小自學人數攀升，是 10 年前的 5.3 倍

2004 年 477 人

2014年 2,548人

資料來源：OECD、維基百科、國際華德福幼兒教育聯盟、美國公立特許學校聯盟、美國教育部、普通話沉浸式學習家長委員會、Education By The Number、台灣教育部

整　理：陳雅慧、張益勤、許翠瑄

有課本、沒有進度、沒有考試……學生怎麼可能學得會？答案是，當然可能。

科學研究早就證實，人的學習與成長方式大不同，很自然會透過不同的方式學習。沒有一種人人可遵守的標準學習方法。過去，教育體系是單行道，一旦岔出去，就回不來主幹線。這種打破你對學校所有既定想像的「學校」，給了孩子不一樣的機會，拆除舊的框架、創造新的可能。但是因為有很高的風險回不到主流，因此曾經很稀少、代價也很高。但隨著觀念改變和科技普遍，愈來愈多家長和孩子需要這樣的多元選擇，非主流學校反而成為教育體系中成長最快的脈絡。

今日學生困境

二〇％青少年不具適應社會能力

近兩年，不斷有大型研究警示，義務教育系統正面臨全面革新的關卡。美國哈佛大學教育研究所研究員陶德・羅斯（L. Todd Rose）分析，直到今天，全世界多數學校依舊強調死背硬記，但這套做法已經過時。因為源自十九世紀初的義務教育體系，目的是要教出忠心服從的軍人和工廠工人，但不是為了培養個人潛力和創造力。「現在的學校基本上辜負了八〇％的學生。」哈佛大學「心智、大腦和教育研究計畫」主持人克特・費雪（Kurt Fischer）如是批評。羅斯的研究也看到，現在，科學研究的成果和更好的科技，足以幫助每一個不同的孩子。「這是十年前還做不到的事。」他說。

我們都被「平均」的迷思綁架。教育系統依據平均數據設計，每一科每週該上幾堂課？每堂課要多長？多久該有一個標準化的測驗？羅斯說：「其實『平均』的中等生根本不存在，每個孩子的能力和學習的速度都不同。教育不該以『平均』設計框架，而是該打造足夠彈性，包容各種極端。」

費雪的批評或許過於嚴苛，但若功利的從最新的學力評量來看，這套教育體系的成效確實需要檢討。

OECD的《二〇一五年教育政策概覽分析》（Education Policy Outlook 2015），根據長期的評比發現，OECD會員國裡，將近二〇%受完義務教育畢業的青少年在閱讀、數學和科學素養的表現，都不具有在現代社會中生活的基礎能力。台灣最近三年的國中畢業會考結果，都有超過三〇%考生，英文和數學的成績拿C，落在「待加強」。曾任國家教育研究院副院長的台東大學特教系教授曾世杰說：「和完全用猜的結果差不多。」也就是

華德福學校的手工課，小五學生要閱讀織法指令，學會算排數和針數組成的面積，這，不就是學習嗎？

說，將近三分之一孩子國中三年學習後，考試的結果，和一個沒有受教育的人隨便猜的成績相同。

未來的工作

有六五%還沒發明

體制的學校教育不只面對現在的左支右絀，是否足以為學生裝備未來，更是問號。

英國牛津大學兩位教授，在二〇一三年九月提出的研究《工作的未來》（The Future of Employment）以美國職場現況分析，預估未來二十年，有四七%現存的工作將會消失。美國勞動部也提出類似報告《未來工作》（Futurework - Trends and Challenges for Work in the 21st Century），孩子們長大後的工作，有六成五還沒發明。英國政府也在兩年前，做過類似研究。

我們企圖完成一個不可能的任務，就是用百年前設計的教育制度，教出下一代孩子面對未來的能力。

為未來而教改

近六年 OECD 國家教改四五〇次

宜蘭大學應用經濟與管理系助理教授蕭瑞民，不僅是大學生的老師、也是小學生的家長，他苦笑著說：「體制學校為了考試、評鑑、積點……要求學生做很多很多事，好像在教孩子學很難練成的屠龍刀法……但是，等到學生畢業卻發現，恐龍早就絕種了！」

這是為什麼為未來找出路，發掘「為未來而教、為未來而學」的方法，是全世界政府的焦慮。《二〇一五年教育政策概覽分析》報告也寫到，過去六年間，OECD國家中，進行了四五〇次教改。這些教改最想要解決的問題，就是去找到中小學義務教育的新方向，幫助學生發展面對未來的能力。

台灣在二〇一四年底通過了「實驗教育三法」，也讓另類、體制外的教育模式，有了法制和開展的基礎。「有教無類、因材施教、適性揚才等」是教育部推動十二年國教的理念，但是該如何落實為行動？在觀念上學著接受多元適性、在學校端建構出彈性寬容的體系，這不只是台灣的挑戰，更是全球焦慮。

全球教授帶頭
打造不一樣的學校

二〇一五年，幾個世界頂尖大學教授不約而同帶頭投入中小學教育改革，不只局限自己學術領域研究和發表論文，為著不同的原因，他們都選擇投入教改，更自己捲起袖子辦

圖為美國紐約市中文雙語學校安娜史立佛小學。

自學時代來了！在科技普及下，
孩子和知識的連結管道愈來愈多，
好奇心，將是最原始的驅動力。

學，打造心目中理想的「明日學校」。

羅斯十三歲被診斷為過動，是讓人頭痛的問題學生。高中被退學、十九歲當了小爸爸，但他跌破眾人眼鏡重回校園，拿下哈佛大學教育博士。曾經，他是標準化教育生產線上的「不良品」，現在卻投入改革主流公立教育。他把認知科學的最新發現結合科技，希望教育可以真正的讓每一個孩子適性發展。「我還是愛在課堂上大發議論，小學階段，這會讓我惹上麻煩；但在大學教授眼中，卻是聰明之舉……。」當過壞學生、也當過好學生的羅斯看到，在美國，每一年都有成千上萬的聰明學生最後選擇放棄學習，因為每個孩子的學習方式不同，但現代教育體系沒有足夠彈性。

二〇一五年三月，日本東京大學先端科學技術研究中心推動「火箭計畫」上路。「火箭計畫」希望為有特殊天賦、卻不能適應學校的中小學生，打造一個寬容的另類學習環境。籌備四年、二〇一四年首次招募，竟有超過六百人報名。

計畫主持人、東大先端科學技術研究中心教授中邑賢龍觀察，日本中小學教育裡，約有五分之一的學生適應不良，但是這些學生並不是沒有天賦。「擺對位置，原本被視為問題的『不一樣』學生，可能是未來推動日本創新的力量。」中邑賢龍說出他的心願。

二〇一五年初，台灣推動翻轉教育的指標人物、台大電機系副教授葉丙成成立一所跳脫體制的「無界塾」。葉丙成希望「無界塾」成為讓孩子找到天賦的一流教育制度，從小學五年級教到十二年級。支持葉丙成想法、前行政院政務委員蔡玉玲觀察：「未來世界需要很多不一樣的人，譬如，有自學能力的人，這樣的人在目前體制內被限制了！」

找到孩子天賦

打破均一、鼓勵多元的五大行動

這些快速成長的明日學校，他們採取了什麼行動去接納孩子的差異：

一、保護「不一樣」，為偏才、怪才找路。現代神經科學已確立沒有所謂「一般」的大腦。相反的，每個大腦都以獨特的方式在觀察世界，和世界互動。學習去欣賞這樣的獨特和不一樣，其實是目前體制學校的一大挑戰。

和台灣升學文化類似的日本，近年來，深刻感受追求均一平等教育的危機。孩子特質在受教過程中逐漸被削弱，沒有人敢提出不同意見，面對日本目前的經濟困境，束手無策。「未來需要的人才，不是知道『一加一等於二』，而是能夠突發奇想，讓『一加一變成一百』的人。」東大「火箭計畫」推手中邑賢龍說。

二、停止用考試評量孩子的潛能。「多元智能之父」霍華德・加德納（Howard Gardner），曾在接受《親子天下》專訪時強調，父母最可以著力、協助孩子發展多元的智能，第一件事就是停止用考試分數去衡量孩子的聰明或成就。「只會在考試得高分的學生，對未來社會是沒有幫助的。」加德納強調。

他也指出，在二十一世紀，年輕人最重要的關鍵能力是：解決重要問題、問出好問題、創造有趣的作品，以及可以和同儕相互合作的能力。老師能否透過生活中的觀察，去認真發掘學生是否真的可以解決重要問題、勇於發問、創造出自己寄託熱情的產品，以及有無能力和團隊一起工作。透過密切觀察學生的第一手創作，就可以預測孩子是否具備在二十一世紀應擁有的關鍵能力。

三、打造「學習的無障礙空間」。美國應用特殊技術中心（CAST）是一個非營利的教育研究與發展組織。創辦人大衛・羅斯（David Rose）是發展神經心理學家，和另外一位創辦人致力於為有生理和認知差異的學生設計教學教材。譬如，讓母語是西班牙語的小學二年級學生，可以透過筆電閱讀英文素材，筆電裡的軟體可以唸出生字的發音，並提供西班牙語解釋。也設計和提供學生各類選擇示範他們知道的內容，不只透過標準化考試，更可以透過畫海報、寫報告或用口語回答問題。

他們把建築界的「通用無障礙」概念，引進教育領域，打造「學習的無障礙空間」。美國教育部部長阿恩・鄧肯（Arne Duncan）二〇一〇年把支持建立無障礙的學習空間，納入白宮新教育政策中的關鍵面向。

四、跟隨孩子、打造個別化學習。世界知名的蒙特梭利教育，教室內最關鍵的角色是老師。老師看似什麼都沒做，卻像雷達一樣串聯著整間教室學習的節奏，扮演推動者。「老師必須是熱情的觀察者，要能跟隨『每一個』孩子。」資深蒙特梭利老師李坤珊在教學現場身體力行。她形容，老師觀察學生學習的過程是「解碼」。

「老師的態度，會決定孩子的行為是『怪僻』或『需求』？」李坤珊強調，老師把每個人的差異當成是需求，就要教孩子學習怎麼去辨別自己的需求。大家會很自然的按照自己的程度學習，不會覺得他厲害、我不厲害，反而互相幫忙，最後都盡力達到自己的目標。

五、相信自己、相信孩子。所有的父母都希望孩子的人生比自己更成功和幸福，所有的父母也都曾經很擔心自己的決定，有沒有可能耽誤孩子的未來。

從小曾帶給父母無數困擾的陶德・羅斯，當了爸爸後回頭看父母的角色，真的體會到其中的兩難。身為教育科學研究者，他提醒父母：「犯小錯是不會搞砸孩子的未來。反而，不適合的教育系統，不能服務孩子的個別需求，孩子可能會在其中受害。」

我們需要一種看待孩子的全新方式，相信教育的目的是：帶出孩子最好的部分；我們的責任是：引導孩子到他們可以發光發熱的環境。

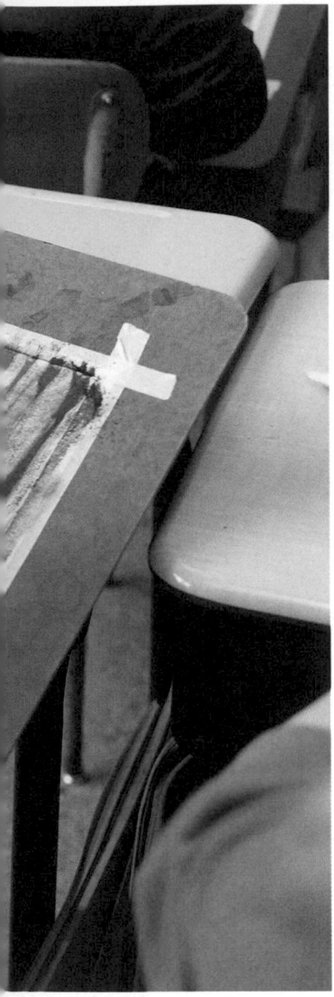

圖為美國麻州哈茨布魯克華德福學校。

在二十一世紀，年輕人最重要的關鍵能力是：
解決重要問題、問出好問題、創造有趣的作品，
以及可以和同儕相互合作的能力。

明日學校，如何管理？

在台灣，中小學實驗教育邁向法制化，是義務教育走向多元選擇的第一步。教育的開放和多元不可能一步到位，開放的同時，如何控制品質更是一大挑戰。

美國公立特許學校（Charter School）發展經驗值得台灣借鏡。美國特許學校從一九九一年開放設立，現在全美超過六千四百所。特許學校制度，對於教育創新和教育選擇權有很大的貢獻。但多元的選擇權也伴隨著「萬一選錯，必須承擔」的風險。

美國特許學校至今有許多爭議，譬如，辦學品質不穩定，根據全美特許學校聯合會報告，二〇一二至二〇一三年間，有六百多所新設立的特許學校，但也有超過兩百所學校，今年秋天將不再招生。

美國的特許學校辦學經驗，有三點特別值得參考：

一、政府高效率的管理，是辦學品質的控管基礎。美國特許學校的管理依各州規定，各有不同。經營特許學校的團體必須對當地的審查單位提出企劃書，並定期接受是否續約審查。同時也必須比照公立學校，讓學生參加標準評量學力測驗，學生的學力若是未達標準，學校會被刪減補助預算。目前，美東的麻薩諸塞州是公認對特許學校管理最嚴格的州之一。前年，還立法授權公立特許學校委員會可以有「祕密客」制度，訓練人員會冒充家長打電話詢問區內每一所特許學校接受身障生和弱勢生的態度，避免特許學校篩選學生。

二、學校自律，更能確保品質。全美各地特許學校也都有地方性或是全國性的聯盟。一些設立較早、且有規模和名氣的特許學校，成立了如全國公立特許學校聯盟（National Alliance for Public Charter Schools）和教育改革聯盟（Center for Education Reform），推動比較嚴格的特許學校立法和監督機制，希望提高特許學校的品質和民眾對於特許學校的信任。

三、教育制度彈性，包容真正多元。走進「實驗」「另類」教育的父母，最在乎的往往是「銜接」問題。萬一孩子不適合，念了一半轉出去有沒有問題？以後會不會沒有好大學念？在美國各式各樣的特許學校可以快速成長，甚至這幾年成長最快的「虛擬數位特許學校」，可以選擇一週在家幾天、到校幾天……是因為美國的升學環境會評估學生多元表現，不只看考試成績。「美國蒙特梭利學校可以一路辦到中學，台灣多半只能辦幼兒園，就是因為美國升學考試壓力不大，不依照標準課綱上課也一樣能升學。」資深蒙特梭利老師李坤珊觀察。明日學校該如何發展？該如何管理？都是挑戰。（文／陳雅慧）

大師專訪：哈佛學者陶德・羅斯

根本沒有符合平均值的學生

採訪整理／陳雅慧　攝影／楊煥世

曾是標準化教育生產線上「不良品」的陶德・羅斯，因體驗過求學的艱苦，現在投入教育改革，希望教育可以真正讓每個孩子適性發展。

剛過四十歲，有著靦腆笑容的陶德・羅斯（L. Todd Rose），是美國哈佛大學教育研究所研究員。他曾把自己如何從一個過動兒和中輟生變成哈佛大學博士的故事，寫成《翻轉過動人生》一書，並創辦非營利組織「個人機會中心」（Center for Individual Opportunity），希望把他

陶德・羅斯

年齡：40歲
學歷：哈佛大學教育博士
現任：哈佛大學教育研究所研究員、「個人機會中心」主席

的研究發現，用在改革教育。此外，他也將參與辦學，發動學習革命——推動尊重個別差異、打破平均的迷思。

「我一輩子就是為做這件事準備」羅斯說。因為，他自己曾是個被標準制式教育體系「淘汰」的不良品。

羅斯三歲時，曾把妹妹從二樓窗戶推下，只為了看她是不是會像天使一樣飛；十三歲被診斷為過動兒；十八歲被高中退學，打工一小時賺四・二五美元；十九歲當了爸爸……。最後逆轉人生，念完哈佛博士取得哈佛教職。

他的傳奇人生，好萊塢已購買版權準備拍成電影，也吸引了韓國電視台拍成新聞紀錄片在韓國播放。羅斯從來沒去過韓國，並不清楚亞洲的升學文化，紀錄片播出後，他接到韓國青少年雪片般的電子郵件。「他們告訴我，成績不好，讓家族蒙羞；考試分數是他們標記自己的唯一標準……。」

二〇一五年三月，羅斯在波士頓哈佛大學研究室接受《親子天下》採訪。羅斯問同樣來自亞洲的我們：「為什麼韓國學生這樣想？」

決定把自己的故事寫出來，是因為羅斯從自己的生命歷程和研究中看到，每一個人學習的方式和速度都不相同，沒有一個標準化的學習方法，可以讓每一個人通用。

羅斯是兩個兒子的爸爸，一個兒子已經念大學、一個念高中。「我專門研究個人差異，但是當了爸爸，仍覺得不可思議——兩個兒子可以如此不同……。」

羅斯在教育體系中艱苦的旅程，推動他走向改革。他的「個人機會中心」和科學家合作，結合新科技，希望打造新型態教育體系，以個人差異為基礎，欣賞差異、幫助孩子發揮潛力。羅斯的故事和他對於教育趨勢的洞察，讓人感動，也好奇他將帶來的改變。以下是專訪的精采摘要：

Q 從小你就是個「問題兒童」，但在父母支持下逆轉人生。現在你也是父親，對於當初父母的付出一定感受更深。你怎麼看待「父母」這個身分？

A 父母不要只是在孩子做錯的時候教孩子，也要在他們做對事情的時候，告訴他們做得很好。

我們太年輕（十九歲）就當了父母，幸好我太太始終扮演成熟的那一個角色。那時候，我們非常擔心因為自己的年輕，會把孩子搞砸了，所以，我上很多課，關於教養方法和兒童發展等。聽過各種不同建議。最後的總結是，沒有絕對的對錯。父母最重要就是不放棄嘗試，永遠的陪伴，讓孩子知道你關心他。

我的體會是，其實，沒那麼容易把孩子搞砸。

最有趣的是，我的兩個兒子只差幾歲，個性卻天差地遠。我一直強調打破迷思、尊重個人差異，也是長期投入研究的專業領域。但是，當了父母，我還是常常驚異的發現，孩子們真的大不同！父母要給孩子的支持，支持他們到達目標的方法，必須不同。給孩子相同對待，反而不公平。

父母們都很關心孩子，只要你花時間去了解孩子，相信父母的直覺，這常是符合科學依據的。犯小錯是不會搞砸孩子的未來。反而，不適合的教育系統，不能服務孩子的個別需求，孩子可能會在其中受害。我們需要建立一種新的教育系統，可以讓不同的孩子發展能力。

Q 為何你覺得現在必須、也有機會重建教育系統？

A 目前公立學校系統的設計思考，是十九世紀工業革命時代，為了生產線量產基礎人才，不是為了未來社會和經濟發展而設計。但未來經濟的火車頭，不會是強調規模的生產業，一定是從來沒想過的創意知識經濟。

這套學校教育系統在過去對培養人才是很有效的，直到現在還是可以很有效率的篩選人才，但並不能孕育多元，發展每一個人的天分。

因此，我們總是批評老師不願改變或學生太懶惰，其實是系統出了問題。我們必須重建系統，讓新的教育系統，可以幫助個別的孩子、支持差異化學習。

現在，有科學研究的成果和更好的科技，足以幫助每一個進度不同的孩子。這件事在十年前還做不到，但現在沒有問題，只是多數人不知道。

其實，沒有一個孩子是所謂「平均」的中等生，每一個孩子的各種能力和學習的速度都是不同的。統計上，符合平均值的中等生根本不存在。但長期以來，教育系統卻依據平均的數據來設計，每一堂課要上多長？每一個主題該學多久？每隔多長時間應該有一個標準化的測驗……。

這就像是告訴一個癌症病人，平均的癌症是什麼情況、該怎麼治療。誰關心平均的癌症？我只關心「我的」癌症啊！

Q 什麼叫做平均的迷思？

A 首先，學校和老師要相信，很多方法都可以把事情做對，沒有什麼標準答案。哈佛大學「心智、大腦和教育研究計畫」（Mind, Brain, and Education）專注在複雜系統，研究各種事件和因素的互相影響。在教育層面，就是無論你面對成績優秀的好學生或問題學生，複雜系統都可以幫助你「看見」一個人特定時刻的單一舉動，不只是基因密碼、或是夠不夠努力這麼簡單。

為什麼大聯盟投手無法每一次都投出一樣的曲球？雖然傑出的投手經過幾千小時的練習，但是他每顆球投出時，都有各式各樣無法控制的情境因素：觀眾呼聲或噓聲、風速、對手、自己的情緒等。孩子也是隨時處在不同的情境脈絡，只要你開始有這樣的意識，複雜系統就一點都不複雜了。現在已經有方法可以幫助我們去了解個別的孩子，我們要去學習這新的知識和工具。

此外，有三個迷思必須扭轉：

第一，打破「分類」孩子的刻板印象。當我們談到孩子學習差異，我們會用類型區別，譬如，性別或是學生程度。這是目前兩種主流方式，幫助我們了解孩子。但是科學的研究告訴你，若是只這樣看孩子，根本是大錯特錯。

第二，關心孩子「怎麼學」而不是「學什麼」。我們應該要隨時隨地觀察和研究孩子怎麼學。從前我們都習慣透過一次次考試，然後判定學習的效果。但是，研究者早就發現，小孩在不同環境下，就會有不同的學習成果。譬如，兩個同樣程度的學生，有一個是和同儕在一起時學得好，另一個卻可能要跟著老師才學得好。

大人應該要具備發現這些差異的能力，而且利用這樣的特質，才是有效引導學習的關鍵。所以，分析孩子的學習狀況時，應該要先去看：「在什麼狀況……發生……結果……。」只把結果切開來看，是無效的；用同樣標準來判斷效果，也是沒有意義的。

我們看到現在美國許多學校在推動教育改革時，會特別注意這些學習脈絡。譬如，在南加州的特許學校 High Tech High 提供不同的學習脈絡，他們改變師生關係，讓老師變得更像帶領者，和家庭及學生建立有意義的交流，學生在四年中學期間都由同一位老師擔任指導顧問，為學生的成就和福祉負責。學生在這樣的脈絡中覺得被理解和支持。

第三，學得快不等於學得好。我們以前總是假設學得快就是學得好。百年來，算出了一個平均的標準，設計出中小學一堂課該是多長、一學期該是幾週……。但學者也早有研究發現，若依據標準進度教完、立刻考試，學得快的人會考最高分；若是把考試時間延後一個月，學習速度快慢和考試成績是相同的；但若再把考試時間延後，到教完的兩個月後，就有驚人的逆轉，學得慢反而比學得快的人成績更好。

我們假設學得快就是聰明，但是，這是一個根本的錯誤。用標準課綱來規定孩子的學習進度，是扼殺很多學生潛力的一個框架。每一個人的能力都有強和弱的部分，每一個人學習不同的專業，也都有快或慢的特質。這是常態不是特例。

Q 你推動的改變行動有哪些？

A **第一，是改變公眾的看法。**透過媒體讓大家知道現狀，理解現在的教育系統沒有辦法培養未來人才。把現在有的資源和科技攤在陽光下，讓大家看清楚有哪些方法可以突破過去的學習模式。

第二，連結有關鍵影響力的人。和各領域的意見領袖結合，譬如我們和「為美國而教」（Teach For America）合作，希望改變老師的心態，讓老師知道有哪些新科技可以幫助發展孩子的個別性。我們也和很多家長組織合作，建立家長的聯繫平台，讓父母可以彼此支持，也知道有很多科技平台可以幫助孩子學習。我們都認為父母是最重要的改變力量。

目前，我們正在洛杉磯積極尋找夥伴學校，可以導入新的課程和科技支援系統，最後所有的事情，都要整合在一起，放在學校裡面，要讓大家看到這是可行的。

Q 你在哈佛大學教書，但是現在做的事情，又和學術研究沒有直接關聯，你的夢想是什麼？

A 我希望住在一個只要努力，就有機會完成夢想的社會。在這個社會裡，不會因為你爸爸是誰、或是什麼種族……等而影響你的未來。

我父親總是告訴我，在乎的事情不會神奇的從天下掉下來，必須付出努力才會得到。教育改變是社會改變最關鍵的事情，也是我最在乎的事情。

延伸閱讀

《翻轉過動人生》
作者：陶德．羅斯
出版：親子天下

越洋直擊1：美國蒙特梭利學校

大人的工作是「觀察」加「解碼」

文／張益勤　攝影／楊煥世

許多科技公司創辦人，都是蒙特梭利學校校友。這個有百年歷史的教育哲學，如何孕育創新元素，成為創業家搖籃？

蒙特梭利學校對教育界來說並不陌生，但是四年前，財經界也開始好奇。全球知名的主流財經媒體《富比士》、《華爾街日報》、《哈佛商業評論》驚訝發現，Amazon 創辦人傑弗里・貝佐斯（Jeff Bezos）、Google 創辦人賴利・佩吉（Larry Page）與謝爾蓋・布林（Sergey Brin）等多位創業家，都是蒙特梭利學校的校友。到底，這套一百年前發展至今的教學法，有什麼樣的魔力？

走進位在波士頓的哈勃萊特斯通里奇蒙特梭利學校（Harborlight-Stoneridge Montessori School），從托嬰中心至中學的教育，完全採用蒙特梭利教學。這套由天主教徒，同時也是義大利第一位女性醫學博士瑪麗亞・蒙特梭利（Maria Montessori），為了協助身心障礙兒童發展而來的教育哲學，與想像中「高科技」創業家搖籃完全不一樣。

兩棟簡單的樸拙木屋內，看不到先進科技，反倒是滿滿色彩溫潤的教具，整齊的布滿每間教室。教室裡少了傳統的桌椅，也沒有老師在講台上講課，卻有個大廚房占領了教室最明顯的位置，溫暖的氣氛猶如家的延伸。

H.S. 蒙特梭利學校

成立時間：1974年
目前人數：237人
學生年齡：4個月到14歲

銅板從不同斜度紙板滑下來誰比較遠？蒙特梭利學校讓小孩實驗、記錄，自己找出答案。

教室裡每名學生都在做不同的學習，他們在地板、在桌上，可能正在用串珠學數學，或是用活動字母箱學習拼字，但整間教室井然有序。而老師就坐在地板上或教室一隅，安靜的觀察每個孩子。

解碼孩子舉動

給予適合他的學習幫助

不是監視，也不是管秩序，蒙特梭利相信孩子有與生俱來的能力等待被開發，老師必須觀察，才知道如何幫助學生自在、自主的學習。「在蒙特梭利，老師只是『侍從』（servant），」幼兒園老師李坤珊解釋。

李坤珊是美國南伊利諾大學幼兒教育系博士，結合理論知識運用在第一線工作。她也是《親子天下》專欄作家，筆下每一篇溫暖故事都發生在她的教室。

即使是博士，面對孩子依然是場真實的學習。和每間教室一樣，李坤珊的教室裡也隨時面臨狀況。譬如，有學生在學習途中分心，躲到桌子底下，不時抓著桌腳探出頭來。看似搗蛋，不專心工作。李坤珊走近他，沒有發脾氣，只給了他一塊布，孩子也真的安靜下來，課程的節奏完全沒有被打斷。

「他要抓東西才有辦法專注，就像嬰兒被大棉被包住一樣，感覺安全。」她對每一個學生瞭如指掌。「每個人都可能需要東西輔助學習，像是球，或是握筆的輔助器。」李坤珊說。

老師不再主宰學習，而是觀察、了解學生，因為孩子的每個細微舉動都在暗示大人給予適當回應。

釋出學習的自主權，遇到孩子學習偏食怎麼辦？「有人愛拼字，自然就會有人不愛數學。」李坤珊面不改色，不疾不徐，認為老師的責任就在於找出為什麼不愛數學。「有些人學數學得用故事引導。」李坤珊說，「觀察」是了解孩子、引導學習的第一步。

信任孩子決定

作業進度讓每個人自訂

觀察孩子，便能了解孩子、信任孩子，相信他有能力替自己做決定。舉例來說，蒙特梭利採混齡、分程度上課，中高年級的學生裡，特別有數學天分的孩子，不論年紀大小，便會分在高級班；相反的，若是科學需要補救，便會與初級班一起上。各有所長，沒有人是絕對的贏家或輸家。

老師也適時的把進度控制權釋放出來，讓學生主掌。老師先訂定一週的目標和作業進度，接著讓學生自己安排進度，先做容易的？還是先做喜歡的？在家裡寫？或是帶回家寫？如果一週有十項作業，學生只要確定在週末前完成就好，若是週四全部做完，週五便可以輕輕鬆鬆閱讀、玩桌遊。信任、放手，蒙特梭利給孩子自由，讓學生顯得從容，提早學會現實生活中重要的時間管理，也透過日常生活，了解自己的喜好。

前一年的秋天，一群蒙特梭利的孩子在樹林裡玩，見到廢棄木材，便想找事情來做。一名擔任建築師的家長建議他們「木材可以用來蓋房屋、蓋橋梁等」。孩子們於是組成了一個橋梁團隊，研究如何在足球場蓋一座橋。他們也向校長借車，因為校長的迷你奧斯汀是全校老師中最小的車，學生忙著測量這輛車的長度、重量，目標是讓一輛車順利過橋。「如果有辦法蓋一座橋，你還會擔心他不會算數學嗎？」校長保羅・亨羅佛斯（Paul Horovitz）說。

創辦 Google 的佩吉認為，蒙氏教育給予他最大的優勢，是自主學習，並且對世界保持好奇。全球暢銷電玩遊戲《模擬市民》的設計者威爾・萊特（Will Wright）也說蒙特梭利讓他發現學習的快樂，這種快樂是自發性的，不是老師填鴨而來。

原來，孕育出勇敢創業和創新的元素不是科技，而是看見小孩的獨特性，根據他每個階段的需求給予養分。或許每個孩子就像是樹苗，有他原本的樣子，大人不需要用集體的紀律來規定他、餵養他，只要順勢而為，便能迎接熟成。

1 蒙特梭利的教室裡，每個人都在做不同的學習，但是整間教室井然有序，老師安靜的觀察孩子，只有在孩子求救時給予協助。2 小學部每週有 3 天自習課，在長達 1 ~ 4 小時的自習課中，老師不會干預學生。3 每個孩子可以決定現在想學什麼，一位用活動字母箱學拼字的幼兒園學生，正在拼出他自己想拼的字。

越洋直擊2：美國瑟谷學校

沒有老師 沒有課程表的學校

文／張益勤　攝影／楊煥世

沒有老師的學校會成什麼樣子？
有近五十年歷史的瑟谷學校向世人證明，
沒有老師，絲毫不影響學習，
讓人大開眼界。

八年前，海頓・麥克奎爾（Hadien Mcguire）十一歲時，從公立學校轉學到瑟谷學校（Sudbury Valley School）。原因是跟不上老師上課進度，課業嚴重落後，被同學霸凌，心中充滿憤怒。

一名受挫的中學生，他以為自己一生註定要失敗。

但是，他的媽媽在偶然機會裡，讀了一本雜誌，報導附近有一所沒有老師的瑟谷學校。彷彿看到一線希望，媽媽立刻帶著受挫的他和雙胞胎哥哥一起轉進來。

麥克奎爾去年順利自瑟谷學校畢業，完成高中學業，也被學校邀請留下來擔任行政人員。他發現自己熱愛且擅長木工，決定暫時不念大學。他的哥哥去年也在此畢業，以優異的學業表現進入麻州州立大學，唯一的抱怨是大學課程「太簡單」。

「人的本性都是追求成功，只要做得開心、從事有熱情的事情，就會成功。」現年十九歲的麥克奎爾，對人生規劃已有定見。

瑟谷的法律委員會由各年齡學生組成，每天開庭處理學校大大小小糾紛，即使是 5 歲幼兒園代表（左前背對者）也得在場。

瑟谷學校

成立時間：1968年
目前人數：150人
學生年齡：4到19歲

瑟谷學校做了什麼，讓麥克奎爾脫胎換骨？事實上，什麼也沒做！

在距離波士頓三小時車程的瑟谷學校，完全不是一般人印象中的「學校」。校舍是一座古老的大屋子與一座穀倉。像家一樣的空間，隔成廚房、客廳、交誼室、遊樂空間……，許多房間被滿滿的書櫃包圍。每一個空間聚著數量不等的小孩和青少年，各自閱讀、開會、打電玩、聊天……，充滿著一股穩定、溫暖的氣氛，沒有一般中學生聚在一起時的莽撞，也沒有小學生下課時的浮躁。這裡的青少年和小孩有著自在的氣質，一點也不彆扭，幾乎都能落落大方和陌生訪客侃侃而談。

十一年級的奧莉薇亞．查爾斯是瑟谷校務會議的主席，等於是擁有學校最高行政權的「校長」。

完全尊重

沒人逼，學自己想學的

沒有課程、也沒有老師，每天日子該怎麼過，完全由學生自己決定。這是瑟谷學校成立以來最重要的「尊重哲學」。

但聽起來令大人們嚇壞了，「那學生要學什麼？」麥克奎爾想也沒想就說：「做自己想做的事。」

學自己想學的，挫折就只是過程。少了自我否定的挫折，自然就沒有因挫折而來的憤怒、委屈、叛逆。「這裡沒有霸凌，我也不知道為什麼。或許因為學生普遍都沒有挫折帶來的怒氣，怎麼會有霸凌？」麥克奎爾說。

瑟谷學校創立於一九六八年，招收四歲到十九歲的孩子，最初是一百多位對公立學校教育不滿意的家長共同創立。曾任美國哥倫比亞大學物理學系教授的丹尼爾・格林伯格（Daniel Greenberg），是瑟谷學校的創辦人之一，也是學校理念的主要意見領袖，他現在還在學校工作，但身分不是創辦人、不是校長、也不是老師，就是一位「行政人員」。他相信人類天生的好奇心是學習最原始的驅動力。唯有尊重和相信，才能讓這樣的好奇心發展成學習的養分。

因為有這樣的相信，瑟谷學校裡，每一位孩子都被完全的尊重。每天上學滿五小時，就可以自己放學，簽到、簽退都自己看時鐘登記。

這樣的尊重和自由，其實對於「外來者」是一個很大的震撼。麥克奎爾記得他剛來的時候，被這無所事事的自由嚇到了，沒有任何人逼你做什麼，到最後是自己逼自己得要去思考、去嘗試。

Part. 2 適性學習

校規、學費由學生商定

學生進進出出，自由穿梭於屋子裡大大小小的房間，看似鬆散的組織，背後卻有一個已經運作近五十年的系統支持。

學生必須自己擔起管理學校的責任。每週四「校務會議」，決定大大小小的學校事務，包括學費和要聘用哪位新的行政人員。完全複製美國的民主機制，從幼兒園的學生到行政人員一人一票，票票等值。

很難想像，校務會議的主席，代表實質上學校的最高行政權，是今年才十一年級的奧莉薇亞・查爾斯（Olivia Charles），戴著牙套，面對陌生人時有著一般青少年的羞澀，但是她要負責帶領討論關於學校校規、學費、學校預算以及行政人員的聘用等議程。

如同美國民主制度的三權分立，校務會議行使行政權，瑟谷學校的法律委員會（Judicial Committee）則是獨立的司法權。主席由校務會議選出，成員則由各年齡的孩子抽籤決定代表，儘管常會有年紀太小的幼兒園代表在開會時失去耐心，希望早點離開，「但我知道我得在場」五歲還掛著鼻涕的金髮小男孩，接受採訪時顯得有些無奈。

法律委員會每天十一點準時開庭，處理學校大大小小的糾紛，從亂丟垃圾到打架，任何人想「告狀」都必須先以書面提出訴狀，提交委員會討論，每個判決也都會以書面格式公告在公布欄。

法律委員會建立了許多判例的「前例」，以及法律解釋的規則，他們會找當事人和證人重建現場，仔細調查。懲罰可能是罰款一美元、掃教室一個月、不能出去玩……，罰則也在委員會內討論和建立規則。

在一個穩定的框架中，全然的信任和尊重，瑟谷學校這所澈底顛覆所有關於學校想像的學校，在美國存在了四十七年，吸引著其他學校效法，目前全球有超過五十所學校以瑟谷模式辦學，分布在美國、丹麥、以色列、日本、比利時、德國等地。

看著這所不可思議的學校，令人不禁反思，難道是我們已經待在框架裡太久，失去了自由學習的羽翼與想像？

瑟谷學校的校舍是一座古老的大屋子，完全不是一般人印象中的學校。
（圖片提供｜瑟谷學校）

每名孩子每天上學滿 5 小時就可以下課，簽到、簽退都自己看時鐘登記，幼兒園也不例外。

越洋直擊3：美國中文雙語學校

想學好語言 先學文化

在美國，中文雙語學校因著中國崛起而興盛，但是美國的雙語學校，與台灣的精英雙語學校非常不同，因為他們更多了跨文化思考。

文／張益勤　攝影／楊煥世

「你好，我是馬舒，舒服的舒，今年一年級。我家裡有四個人，我、爸爸、媽媽和弟弟。」流利的中文自我介紹，出自一名金髮碧眼、今年七歲的美國小女孩馬舒。

在幼兒園，另一群小孩同樣操著流利的中文，合作完成老師交代的數學測量：「我們應該要拿一樣大的積木來測量。」「但是積木不夠！」「我們可以把積木切一半嗎？」

隨著中國經濟崛起，全球中文熱也延燒。中文一直是大家印象中最難學的語言，可是問這些美國小學生：「中文難不難？」他們都異口同聲回答：「不難！」

沉浸式教學

用中文教數學、歷史、科學

馬舒與學校裡的學生，正是使用美國新興的雙語教育「中文沉浸式教學」（Chinese Immersion Program），同時用英文和中文來學數學、歷史、科學等學科，中文不是單獨的一個科目，而是和英文一樣，都是一種學知識的工具。

一九八一年，美國舊金山成立第一所沉浸式中文學校。二〇〇〇年後，中文學校倍數成長，很快的，二〇一一年破百，根據二〇一三年的統計，共有一百四十七所中文學校或實施中文課程的學校，其中七六%為公立學校。

在美國，雙語學校多半是公立學校，這和台灣對於雙語教育的精英想像有著根本的不同。美國最早推動雙語教育的目的是希望新移民可以學會說母語，同時也可以透過比較優勢的母語學習知識。

但是二〇〇〇年後，中文學校隨著中國的崛起，不少美國家長也開始著眼於未來「競爭力」的考量，希望孩子提早培養語言能力。

只不過，雙語學習的架構，為這些學校鋪陳了比一般學校更複雜的課程安排和多元思考脈絡。比起說好一口流利的中文，美國的雙語學校更在意學生可以透過多文化的刺激，擁有突破框架思考的能力。

圖為美國先鋒中英雙語學校。

語言不僅是走向世界的工具，
文化交錯後形成的火花，
更是拓展思考與視野的機會。

多文化刺激

讀中國歷史故事、念古詩詞

馬舒就讀的先鋒中英雙語學校（Pioneer Valley Chinese Immersion Charter School），位在麻州哈德利鎮（Hadley），是種植蘆筍的農業鎮。校長凱瑟琳・王（Kathleen Wang），與同時也是學校執行董事理查・艾爾康（Richard Alcorn）的先生，創校之初就是為了要讓當地人認識中華文化。

身為華裔第二代，王在美國長大、求學，但是黑頭髮、黃皮膚的外觀，給她帶來不少「刻板印象」，「拜李小龍與唐人街的美食所賜，大部分人覺得我會功夫、會煮飯。」身為鎮上第一個華人家庭，她與家人承受不少異樣眼光。

為了打破刻板印象，這對夫妻創辦的學校自然不一樣。先鋒中英雙語學校從幼兒園奠定語言基礎，年齡層愈低，每天接觸中文的時間就愈多。譬如，幼兒園一天有五小時都用中文上課，中學後中文課時間雖然變少，但是用中文學歷史、寫作文，樣樣不少。

在中學的課堂上，中文老師用各種故事演繹中國歷史。譬如，他讓學生猜「七步成詩」是什麼意思？這個在台灣家喻戶曉的《三國演義》故事，美國學生做了有趣的聯想。他們的提問，讓《親子天下》的記者也大開眼界。「七」會不會是一個虛詞？「成」代表的會不會是「成功」？「七步成詩」是否翻譯成「成為成功的人要做的七件事」？

儘管古詩詞讓美國小孩頭昏腦脹，但是他們對中國歷史很有興趣，他們用影片認識了中國朝代的興衰，八年級的歐婷莉說：「美國歷史很短，只有兩百多年，但是中國有上千年歷史，連打仗的方式都很多種。」

這一連串對話用的都是中文，但是學生展現出來的優勢不只是語言，更重要的是，隨時對著兩種文化不斷的思考。

重視差異化

依學生程度設計不同學習單

同樣使用中文沉浸式教學的紐約安娜史立佛小學（Anna Silver School），成立於一九三〇年，專門招收年齡四到十二歲的學生。採用的教學方法，則是以一天中文、一天英文的方式交錯上課。英文老師艾蜜莉・瑞希佛（Emily Receveur）發現，學會兩種語言的小孩，因為經常在兩個系統中轉換，得想辦法做連結。

沉浸式教學，給英文不好的孩子多了一個機會，也給美國小孩用英文學中文的環境。換言之，母語為中文的小孩，如果聽不懂英文課，只要回想前一天中文課的內容，便能連結英文課上的內容、學習到知識，反之亦然。

學生能仰賴自己擅長的語言學習另一種語言，但這同時也代表，班上孩子的語言程度不一，有時甚至落差很大，隨時「補救教學」觀察孩子的學習進度，就是老師時時刻刻工作的一部分。

以老師瑞希佛為例，她除了得在教室準備更多書，讓學生不分程度都有適合閱讀的教材，她也會準備不同的學習單，讓學生選擇。瑞希佛說：「如果他們覺得自己可以用比較難的學習單，我會讓他們嘗試。」

鼓勵、但不勉強，重視差異化的同時，也尊重孩子的選擇。

差異化教學的背後，是老師加倍的辛苦，瑞希佛與另一名中文老師得經常溝通，確定課程進度，也確認課程內容可以相呼應。「有時候也要聊小孩的狀況，了解他們需要什麼，該怎麼幫助他們。」瑞希佛說，兩位老師每週要花至少一小時備課，就連班親會也要面對兩班的家長。

面對程度迥異的學生，老師又比普通班少一半的時間教學，對老師挑戰很高。

語言是走向世界的工具，然而在美國的中文學校，除了傲人的語言能力，還有兩種文化交錯之後形成的火花，拓展學生的思考視野。反觀台灣的語言學習，有太多功利目標，最後往往拿到了分數，卻不會用。我們到底該怎麼學語言？學哪種語言？如何學？都關係著下一代走上世界舞台的姿態。

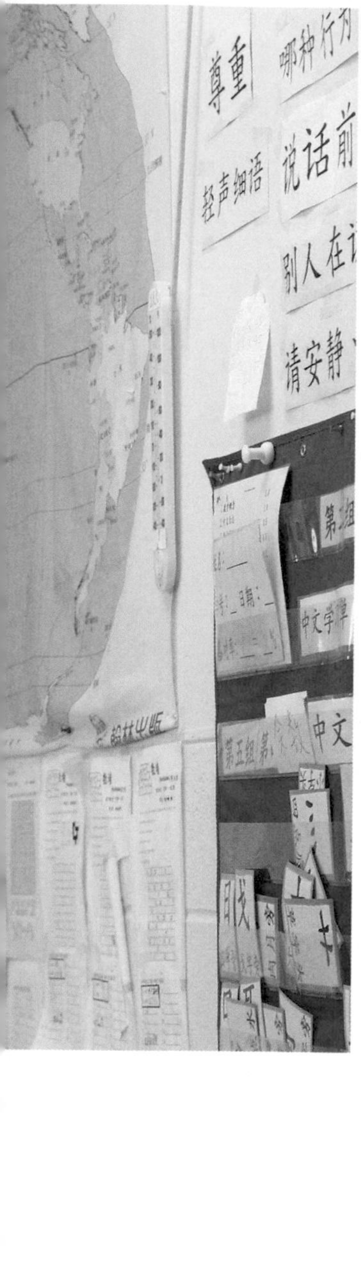

1 美國學生在美術課上製作台灣偶戲的人偶，也以自己的中文名字做素材，塗鴉創作。2 美國小孩和華裔小孩一起上課討論，除了語言學習，也有不同文化的交流。3 一張中文的世界地圖就掛在先鋒中英雙語學校的教室牆上，金髮碧眼的男孩正埋頭寫著中文字。

3

先鋒中英雙語學校

成立時間：2007年
目前人數：388人
學生年齡：5到18歲

丟開「不乖」標籤 看見異才

越洋直擊4：日本東京大學火箭計畫

文／施逸筠　攝影／邱劍英

日本估計，五分之一的學生在體制教育內適應不良，他們是怪胎還是天才？

東京大學發動一項「火箭計畫」，來協助「不一樣」的學生，他們認為這將是未來日本創新的泉源。

二〇一五年三月下旬，寧靜的東京大學駒場校區裡，不尋常的聚集了一群中小學生，他們一路有說有笑，歡天喜地的準備去「上學」。

十四歲的女生小林，喜歡研究罕見疾病、基本粒子；十歲的坂本，盯著水流可以連看好幾個小時，他研究水流結構，希望將來設計防洪設施；九歲的日向，著迷於日英翻譯，常寫文章投稿，未來想當小說家……

這些志趣特殊、令人驚豔的學生，在現實生活當中，卻因為專注力不足、書寫障礙等因素，無法適應制式學校，被迫輟學，成為日本高達十二萬「不登校兒」的其中一人。也有人雖然每天上學，卻忍耐著適應規格化的學習，無法滿足自己對特定領域知識的渴求。

擺對環境 問題學生可能是天才

這些孩子，介於「天才」和「怪人」間。在東京大學先端科學技術研究中心教授中邑賢龍眼中，他們卻可能是日本未來亟需的領導人才，「愛迪生、賈伯斯，都曾被視為怪胎，看看，他們為世界帶來了什麼！」

好奇心是引發學習的第一步。東大「火箭計畫」課程，利用柳丁汁引起孩子對產地、甜度測量、成本計算等知識的興趣。

擺對位置，這些「怪胎」可能是未來推動日本創新的引擎；卡在不適合的體制，他們會成為學校眼中的問題學生。致力研究人類支援工學，為發展障礙、學習障礙學生解決學習困境的中邑賢龍覺得，這些學生需要一個寬容的學習環境。當他們得到合適的資源，原本的「問題」往往就迎刃而解。

他從四年前開始構想支援方案，去年初促成日本民間公益團體「日本財團」資助東京大學先端科學技術研究中心，成立「火箭計畫」並擔任計畫主持人，提供這些天賦異稟、卻被僵化教育埋沒的學生，另一種學習機會。

計畫內容包括：每月一次由東京大學教授或校外專家，實際授課和參與線上課程，並請東京大學研究所學生擔任家教個別指導。二〇一四年九月正式招生時，有超過六百人報名，遠高於預期；更發現其中多達三分之一的報名學生，具有潛力卻因校園適應不良，已喪失學習動機。最後決定第一屆招收十五位正式學生，另開放兩百位學生遠距教學。

「我希望有一天，日本會變成一個，怪人也能很自在生活的社會。」中邑賢龍接受《親子天下》專訪時，點出對日本現行教育環境裡，強調「均一平等」的憂心。

這計畫並不只是為了拯救全日本極少數有天分的怪小孩，而是希望帶動一種多元的學習環境。中邑賢龍觀察，在日本，大約每五個中小學學生中，就有一位是勉強著適應體

東京大學火箭計畫

成立時間：2014年12月
目前人數：正式學生15人、遠距教學課程學生200人
學生年齡：9~15歲

制，被迫接受標準化的學習訓練，過程中，自己的天分或特殊的障礙卻被漠視。

「日本的教育系統，將八成孩子的學力拉到相同的程度，也犧牲了兩成學生。」中邑賢龍說。

在追求均一平等的教育環境下，習於「挑孩子的弱點，找缺失」，忽視孩子的長處，只希望孩子「不要搞怪」。因此，孩子的特質就逐漸被削弱。高度同質化的結果，每個人想的都差不多、沒人敢提出不同的意見，面對當前日本困境，全然束手無策。

多元課程
勾起不同知識好奇心

中邑賢龍認為，突破僵局，需要真正「不一樣」的創意。「火箭計畫」所設計的課程，最終目的是希望學生能學會六大基礎能力：技術力、表達力、溝通力、商業力、科學思考力，以及美感能力，讓自己特殊的天分，有機會一展所長。課程的第一步，是激發對知識廣泛的討論和反思。「火箭計畫」重點課程之一，是由不同領域的頂尖名師進行專題授課，主題從火箭設計、藝術創作、數學分析、到田徑運動等。目的是先打開學生的視野，勾起對陌生冷門知識的好奇，並引發思考及疑問。

「有一位知名的田徑高手，上次來講解賽跑的祕訣，他解釋手臂擺動的效果，讓我領略彈鋼琴時也可以用這樣的技巧。」今年十四歲，已在日本各鋼琴大賽嶄露頭角的青木航隆，將不同領域的知識結合，正是「火箭計畫」想要觸發的學習能力。中邑賢龍強調：「學生若喜歡宇宙，就只專注跟宇宙有關的事情，是絕對行不通的。」對知識好奇、能應用所學，接著更需要學會怎麼擴大自己的影響力，因此他不斷提醒學生，在各種課程活動中，把握機會磨練未來需要的六大基礎能力。

實作課程
讓學生親身思考問題

「火箭計畫」的面對面課程，也重視解決具體問題的實作整合能力。實作課程沒有標準步驟，尤其鼓勵學生從失敗中學習。從烤牛排、烤麵包到切生魚片，沒有教科書，也沒有步驟示範，全憑學生自己想辦法。「沒有標準，就沒有對錯。」中邑賢龍指出，就算失敗，也是一種學習，甚至可能是前所未有的創新。

實作過程也會引發跨領域的學習。老師光是拋出一個「怎麼解凍肉品最快」的問題，就可以讓學生思考：為什麼需要解凍、熱傳導效果、溫度變化對於細菌滋生的影響、做飯的時間管理等諸多疑問。

「親身經驗、思考的歷程，是有『實際感覺』的知識，和從課本裡挑出來，塞進腦裡的知識完全不同。」講師福本理惠認為，實作方式能讓「不知為何而背」的學生，重新發現知識的價值。

另一堂「柳丁汁料理課」中，講師利用市售果汁，引發學生對產地、品種、貿易、甜度測量、味覺、成本計算的關注，並揭露「濃縮還原」這個常被忽略的標示背後，藏著「工業化生產」與「天然健康」的衝突。學生驚覺，一口果汁裡可以發掘的知識，超乎想像。

「未來社會有更多分工統合，表面上看不見的事情愈來愈多，這是很危險的。人們需要有更寬廣的視野和深入的洞察力。不思考過程只看結果，將漸漸喪失想像力。」福本理惠認為。

除了課堂上實作，「火箭計畫」更設計了大型長期的專案任務。任務包括：到北海道尋找鹿角製成餐具、修復一張市價新台幣三萬元的丹麥名椅並售出、尋找傳說中的夢幻半發酵茶並完成製作。長達半年的專案任務，三組學生必須擬定企劃案、時程和預算規劃，透過簡報向校方爭取經費，並利用視訊App，和分散在日本各地的組員進行討論，最後實際「出差」完成任務，考驗學生們天賦之外的六大基礎能力。

中邑賢龍（前排站立者）鼓勵孩子保持「怪怪」的特色。

這群曾讓家長憂心、學校頭痛的學生，換了一個環境，卻像是帶著強力天線，興致高昂的接收各種知識啟發。「不一樣」的態度和方式，將能讓孩子的「不一樣」，成為改變未來的力量。

「火箭計畫」推手中邑賢龍

光明正大，當「不一樣」的人

帶領這群享有頂尖師資、高規格設備，有如「天之驕子」的學生，中邑賢龍究竟希望能為日本社會帶來什麼樣的影響力？以下是他接受《親子天下》專訪內容：

Q 你覺得「火箭計畫」是希望栽培天才嗎？

A 這是很多家長的誤解，但我們的目的並非要培養天才，孩子也沒有必要變成天才。父母硬是要把孩子變成天才，造成的壓力，很可能反而毀掉原有的天賦。

我總是跟孩子說：「你們就繼續這樣怪怪的就好。」剛來到「火箭計畫」時，他們看起來都有些煩惱，但發現大家都是「怪怪的」之後，開始覺得：「這樣怪怪的也很好啊。」

想想看，未來如果是個怪人也很活躍的世界，那會多麼有趣。

Q 你會建議體制內的學校，該怎麼鼓勵不同？

A 我還是要強調，我沒有否定一般學校教育，日本教育能將八成的學生程度拉到一定的水準，這部分的教學成果斐然。但針對另外兩成特殊的學生，需要不同的協助。

首先，應重新思考「公平的受教權」為何？例如，為學習障礙所苦的學生，無法閱讀，或無法寫字，家長和教師常誤以為是學生偷懶，硬要糾正過來，但不了解這其實是種疾病。若學校願意開放學生以平板電腦取代紙筆，配合朗讀軟體，讓學生使用適合的學習工具，先協助解決他學習上的問題，才是真正的公平。目前日本神奈川縣部分大學的入學測驗，已經開放電腦做答或試題朗讀，是一大進展。

第二，針對特殊學生，給予不同授課型態。例如從實作課程將學生帶入學習領域，或讓音樂、藝術也可以成為授課主題，說和聽也應被納入，應該要以學生最沒有壓力、容易接受的方式來授課。

Q 這些「不一樣」的學生，未來如何在組織裡生存？如何發揮影響力？

A 從幾家過去叱吒風雲的日本大企業，近年來業績一路下滑的例子可以看出，大者未必恆大，愈來愈多的新創公司和創業機會，將是未來的無限可能。我認為，不用寄生在大公司裡，也能找出各種方式存活的人，才是真正的強者。未來需要的人才，已經不再是「一加一等於二」，而是能夠突發奇想，擁有「把一加一變成一百」能力的人。（文／施逸筠　攝影／邱劍英）

窺探未來：美國史丹佛大學願景二〇二五

校友將消失
大學是終身的學習基地

文／陳雅慧　攝影／黃建賓

面對未來，大學如何培養能因應複雜變局的人才？美國史丹佛大學，向來以自由與創新校風聞名。他們邀集全校師生與行政人員一起腦力激盪，試圖勾勒出未來的學習樣貌，「史丹佛二〇二五」的四個藍圖，將顛覆你我對現有大學的想像。

或許你心裡也曾試著想像，家裡的小學生或更小的孩子，他們長大以後，學校和學習的樣貌，是否會和自己的經歷有點不一樣？

未來的變化，其實不只「不一樣」，改變之大，可能超乎我們的想像。

在美國，培育人才搖籃的一流大學，都在積極思考學習的各種可能性和應該採取哪些行動。若你家裡的孩子是小學三年級以下，那麼他們將有機會遇見你無法想像的未來大學。
美國的史丹佛大學，向來以自由和創新校風著名，二〇一六年創校一二五年，二〇一五年十月以「破格思考學習」（think big of learning）論壇展開一二五周年慶。論壇開

圖為史丹佛大學 d.school 的交誼廳，貼著歷屆學生的拍立得大頭照，巴士車尾則寫著「Start Here」。

大學的樣貌、學科分界、學習制度，
都是在一百年前所設計出來的。
面對科技帶來的影響，大學一定要重新改造。

幕邀請史丹佛教務長、人文學院院長、教學中心副主任和教育研究所所長對談，各路的學習專家，認知發展科學家、心理學家、社會學家的精彩演講，吸引超過五百位舊金山灣區的中小學教師和校長，聚焦激盪學習和教學的未來。

「史丹佛二〇二五」
對學習提出大膽的四個想像

美國史丹佛大學校內的「d. school」（HassoPlattner Institute of Design），更是全世界最具前瞻性的創意中心，全世界頂尖企業和大學都來取經，希望找到創新的方法。「d. school」在二〇一四年提出了「史丹佛二〇二五」的想像藍圖，打破了所有人對於大學和學習的想像，提出了讓人驚豔的大學前景。

「史丹佛二〇二五」的大計畫，是由史丹佛的學生、老師和行政人員一起花了一整年時間激盪出來的藍圖。大學的樣貌、學科分界、學習制度、都是在一百年前所設計出來的，面對科技帶來的影響，大學一定要重新改造。

史丹佛大學從四個面向，提出對未來大學的四個想像，更重新思考「未來學習」的樣貌：

一、從線性到開放環型的大學（Open Loop University）。打破傳統，高中畢業直接讀四年的大學學制，讓大學成為開放的學習中心，是一生中隨時需要，就可以回來充電的六年學習基地。

想像搭乘時光機到二一〇〇年，那時的史丹佛大學已經是一個真正的終身學習夥伴，「史丹佛大學校友會」這個名詞已走入歷史。

過去，大學生涯就是人生十八到二十二歲階段，必須經歷的旅程，處於這個階段的年輕人，花費所有的心力，學習未來專業上需要的所有知識。任何想要跳脫這固定軌道，走別條路的人，都會遇到一些困難。

但是，根據統計，目前的大學畢業生只有四分之一進入和大學所學相關的領域就業。未來史丹佛將重新設計學習的模式，讓大學的學習是人生當中任何六年。學生可以根據生涯

未來大學想像1：隨時學、隨時停

舊的大學樣貌	開放環形大學
18~22 歲 4 年制的學習	人生中的 6 年
正式的學習局限在教室內	知識從教室和實作中習得
畢業後的學習機會遽減	有經驗的成人重回校園充電，並和社區重新連結
18 歲的學生必須證明自己的能力，以進入大學	任何年齡的學生都有機會學習
校友只會在特定的活動回到學校	學生也可能是專業人士，讓校園更豐富

發展的需求，或許先進入大學學習，然後申請空檔年（Gap Year）計畫，去實習或是體驗其他事情，然後再選擇重回校園。

也就是說，校園裡的大學生，將會混雜著各種年齡和經驗的學生，彼此共同學習，也會深化和擴展校園的視野。史丹佛本身也會因為隨時有著「在學生」正在不同的企業、機構任職，學校將可以連結更多的資源和平台。

因此，學生可以不斷學習、體驗、運用、修正、再學習，每一段重回校園的旅程都是一個開放式的環狀旅途，可以隨時結束或是開始。

二、有彈性的教育歷程（Paced Education）。打破線性大一、大二、大三、大四的路徑，讓你的學習走得慢，但是能成長快。

複雜的年代來臨，二一〇〇年史丹佛大學已經沒有區分「大一、大二、大三、大四」學生的制度，學

未來大學想像2：從「年級」到「階段」

舊的大學樣貌	開放環形大學
學生區分為大一、大二、大三、大四生	6 年 3 階段的學習：校準、提升和活化階段
講堂是知識傳遞的殿堂	學習基地讓各種有實務經驗的學生可以交流
一學期有 10 周	學院規畫各式各樣的彈性課程

校的節奏也不再是以十周為一學期的單位。

史丹佛從一八九一年創校以來，在大學部把學生分為四群，分別是「大一、大二、大三、大四生」，所以學生大一結束就必須進入大二，大二結束也不管是否學會，或是早就超前進度，就是進入大三。這樣固定制式的流程就像是工廠的流程。

但是未來史丹佛大學設計的學習彈性，可以讓每一個人根據自己學習的速度和生涯的彈性，把大學的階段分為三個階段：校準階段（calibrate）六到十八個月、提升階段（elevate）十二到十八個月、活化階段（activate）十二到十八個月。

校準階段：學生總是需要一段時間摸索，找出自己學得最好的領域在哪裡。這個階段，有大量的短期專業入門課程，可能一天或是一週的密集課程，讓學生可以大量的接觸各種專業、學習各種學習方法。

在這個階段，有的學生可以很快在半年內就可以定位自己下一步要深入的領域，有的則需要長一點的時間來探索，同時建立自信，幫自己準備好往一下階段前進。

過程中，教授也可以接觸不同領域和背景的學生，幫助自己在教學上有不同的看法，挖掘真的有潛力的明日之星。

提升階段：這個階段的學生必須專注在一項專業的領域深入的學習，必須對於追求知識有高度的熱情。在這個階段，學生可以自己選擇生涯導師的輔助，同時也要和教授建立更密切的關係。完成這段時間的學習，學生已經具備準博士生的研究能力。

圖為史丹佛大學 d.school 中庭，上方布旗寫著「沒有錯誤、輸贏或失敗，做，就對了！」

過去，大學角色是知識和資源的中心，
但在二十一世紀，專業知識的界線愈來愈模糊，
傳統分割專業的規則，必須打破。

活化階段：完成提升階段的學習後，學生已經學會如何在特定專業領域建立起深度專業知識的方法。同時也必須能夠運用學校所學，在真實世界運用。必須透過實習、計畫合作和創業計畫，印證知識和真實世界的連結。

進入活化階段，則必須嘗試在不同的情境下，運用所學的專業知識。在大學裡，學生可以安全的冒險和嘗試。

三、翻轉軸心（Axis Flip）。

過去學校以一棟棟的大樓分割學術專業，但未來的學習基地將根據需求，重新組合專業和技術，打造彈性的學習基地。未來的學習，不是

攸關你知道什麼，而是你如何運用所學。

過去要取得大學文憑的基礎，就是在某個領域有專業的知識，但是是否具備專業的能力則不是優先考量。史丹佛將翻轉學習的軸心，培養能力視為大學最重要的使命。

過去，大學的角色是知識和資源的中心，但是在二十一世紀，專業知識的界線愈來愈模糊，更新的速度飛快。傳統分割專業的規則必須被打破。

史丹佛將會改變學習的重心，培養學生的能力而非專業知識，讓學生具備基礎能力去分析和運用專業知識，如同具備拼圖的能力可以拼組圖像和解密。

史丹佛大學將會打破科系的界線，建立數個能力中心，將不同專業領域的教授聚集，開發和整理出各種課程。這些中心以能力區分，會是科學分析、量化推論、社會批判、道德推論、美學解讀、創意、有效溝通中心，每一個中心會有一位院長，就是一個學習基地。學生在這裡，可學會分析和運用知識的方法。

四、有意義感的學習（Purpose Learning）。未來的學生

未來大學想像3：從「學知識」到「練能力」

舊的大學樣貌	開放環形大學
大學的學習以科目規畫	大學生的學習以學會能力做為目標
不同的學院組成一所大學	校園以不同的能力導向學習中心組成
畢業生以履歷和成績單應徵工作	成績單被能力表取代

不是說我大學念什麼系，主修和副修為何？而是思考我的所學，對世界有什麼貢獻？

未來史丹佛的畢業生不會告訴你，他是念什麼系？而是會跟你說他對這世界有什麼使命？史丹佛大學生將會是改變世界的人。未來，當人家問史丹佛學生：「你主修什麼？」史丹佛學生不會說：「我主修生物」「我主修資訊科技」，而是回答：「我在學生物學，我希望以後可以減少世界饑荒的問題。」「我在學習資訊科技和政治學，希望以後可以改善公民參與政治的機制。」

學生在學習的過程中，會不斷的思考「為什麼」還有「我的行動是什麼」。如：為什麼要修這些課？為什麼要念這門主修？為什麼要選這個工作？

為了讓學生可以發展學習的意義感，史丹佛將會在世界各地成立「影響力實驗室」，讓學校和學生參與全球化過程中，人類必需面對的挑戰。

曾經有人問史丹佛的前校長：「史丹佛未來會是

未來大學想像4：永遠追尋「為什麼」和「行動」

舊的大學樣貌	開放環形大學
學生很清楚的選擇自己的主修	學生在學習的過程和計畫中追尋意義
校友多半在相關的領域就業	校友在學習的過程中，根據學校引領發掘自己工作的意義
進入職場才逐漸發掘工作和社會的關連	學校設立影響力實驗室，延伸學習的舞台

個教學中心，還是研究中心？」這位校長回答：「史丹佛應該是個學習中心。」

一所不斷學習的大學，才會是帶動一整個世代進步的引擎。

清華大學校長賀陳弘

教育創新，從容納一%異才開始

在台灣，大學樣貌從招生管道的變化開始，試圖讓學生的組成更多元。

新課綱即將上路，高中學習將有顯著的變化，現在國中八年級以下的學生都將適用新課綱；最近正沸沸揚揚討論的一一〇學年大學入學考試制度的各種版本，就是為了因應新課綱，展開大學選才的變革。

三月，踏進清大圖書館大樓，電梯裡的海報，有一張賀陳弘演出大提琴的照片，預告即將來臨的校慶活動。賀陳弘，說起話帶著文人的溫文，不時引用《論語》、古典詩詞，讓人忘記他是動力機械的教授。

這兩年，他透過「特殊選才」，帶領清大開拓招生的多元性，背後其實帶著教育改革的理念：「我們設計特殊選才制度，讓一%不一樣的學生有機會進入清大。大學有責任，測試社會接受改變的底線。」

所謂「特殊選才」，是近年興起的入大學新管道，允許具有特殊技能的考生免學測、指考，只要通過書面審查及面試，就可以進入大學就讀。這讓學測、指考這樣的標準考試，不再是進入大學的唯一管道。

這種入學方式，從第一年十二所大學共五十三個招生名額，隔年增為二十一所大學更提供一五一個招生名額；其中以台大的「火星人計劃」網羅「數學界的愛迪生」，和清大的「拾穗計劃」最知名。雖然特殊選才名額少，但是讓有明顯偏才的學生得以適性發展，也提醒老師、家長，不必只用學科成績評價孩子。

比起計較排名的升學主義，賀陳弘更篤信「多元」。專訪中，他話說得很重，現在教育的下游產業和社會有了很大的變動，上游國中小學也正面對激烈的教學改變。大學必須面對這樣的責任，為台灣未來多元人才做準備。「大學招生方式不變，等於逼所有人在進入大學這一關『就範』，讓大學變成社會進步的阻力。」

這名追求多元價值的校長，打破十八年來台大領導時代，如今擔任大學招生委員會聯合會召集人。賀陳弘將如何改革大學升學制度？這樣的改革又會如何推動進一步的改變？

Q 從大學招生選才的角度來看，若是你要給高中生一個具體建議，那會是什麼？

A 我認為年輕人最重要的是「找一件自己想做的事情，設法在三年內，努力去完成。」這件事不需要是學術，也不是學校師長規定你要完成的。有沒有完美的達到目標都沒關係，也就是說失敗也是值得的。

這件事情，真正重要的是，看到學生自主動機和實踐的經驗，重要的是過程。我們想看到年輕人的學習動機，想知道他為自己設定的學習目標所投入的努力。

過去我們經常成敗論英雄，不看過程。但是我們忘記，成或敗經常有其他因素影響，譬如運氣、師長給予的支持等。未來大學招生要納入評估學習歷程檔案的目的，是看見年輕人的學習歷程。

我常常對大一新生說，大學期間你至少有三個暑假、四個寒假，是否可以利用三個假期完成三件事。騎車環島、打工都可以。

或是我也鼓勵他們讀經典，去找一本好書或是藏書，一直想讀卻沒讀完的，好好讀完。讀經典是一種頭腦體操、心智鍛鍊。讀經典是要學習去回答一些根本的問題，什麼是善、惡、美、醜、正義、不正義？這都是亙古的問題，難憑空想像，但跟著經典走，會有一個線索，經歷書中所經歷，這個過程很重要。

Q 你看到未來學習樣貌會有哪些改變？與現在的學習有什麼不一樣的地方？

A 我們過去的學習是保守的，我們在教學、教材、時數、教法、師資上都管控嚴密。就連硬體也大同小異，譬如走進中小學校園一定有一個圓環、蔣公銅像，校長室在二樓中間，後面是操場。

在教學現場，我們有統一師資、統一教材，再以全國一致的標準化測驗，保證各級學校出來的學生品質，層層分級。所以產業界可以依照學歷用人，這學歷是標準化掌控的保證。

可是漸漸的，我們對產品的需求走向客製、少量，講求差異性。因此，我們也要從人才端開始多元化。師資、教材、評量都要多元化。

當大家疾呼要改變，教育的困難就是，產業下游改變了、家長心態改變了、中小學改變了。但是為了要進入大學，這個進入的管道格式沒變，於是到了這裡，大家統統就範。

大學成了無法貫穿改變上下游的瓶頸，大學有這個責任去帶動改變，否則就變成社會進步的阻力。一些主要大學，生存並不困難，要他主動改變，也不容易。

Q 為什麼現在學校，要創造一個可以讓不同學生發展才能的環境這麼重要？

A 大學有責任為未來社會的多元人才做準備，一個卓越的大學教育，就必須有多元人才的來源與進路。

我們發現，同一個選才機制，選出來的同質性很高，學生間如果經驗高度類似，看社會就很片面。我們希望創造學生組成的多元化，讓他們透過同儕，理解也觀察社會不同層面。

過去評量引導的教育是高度規格化的教育。所以學生不管是否適合這種規格，都得從這個規格畢業。最後企業用這種規格取才。物理好的人去念電機，第二志願念機械，化學好的念材料或化工。但是現在規格鬆動了，大家就覺得很挫折。

清大對大一學生普查，發現學生對所讀科系很滿意的只有一半，為什麼有一半學生對自己選擇的系不滿意？因為現在念的是父母和師長的期待，並不是自己的，而自己想念的又去不了。所以現況是，我們很辛苦的選才，但是選到最後只有一半學生有學習動機，這樣大學教育怎麼會成功？

Q 理想中的大學選才，應該掌握哪些原則？

A 我認為「選才」應該要全面的觀察與篩選。如同看3D攝影照片，要上下左右四面八方的看，而不是僅看一個切面。

目前用同樣的選才機制，選出來的同質性就會很高，這就像只看到人的單面，而不是立體全面。

招生選才有他的專業，看3D照片的專業也是可以學的。我們曾請史丹佛大學的招生委員會來清大開工作坊，教清大老師選才的新技術。我們也不是第一個想看3D照片的人，美國、韓國等很多人都已經在做，大家要有一點勇氣。

Q 你對國中小家長的建議？

A 每個人都在理想跟現實拔河，每個人妥協的程度不一。但是我們希望每個人都移動一點，這個累積、長期的過程，就愈來愈接近理想。

站在大學端，透過教育制度、招生計劃的改變，讓大家看見，讓同學發揚才性是在現實上、在升學上一條可以走的窄路。

像是我們特殊選才招收進來的圍棋生，父母也經歷掙扎。他的媽媽是建中老師，是要乖乖就範呢？先找個大學？還是要靠圍棋吃飯？某種程度，特殊選才的入學方式讓他兩全，他還是可以去追求他的才性。

今年清大的十六個名額，是總招生名額的一％，去年十個，還不到一％。這代表這個社會容許一％的差異、出格，但是能不能擴大到二％、三％？我不知道，我們只能邊做邊看。

大學有責任去測試社會接受的界線在哪裡。特殊選才不看學測、也不看在學成績，去年放榜後，風評還可以。所以社會沒有完全不接受，如果各大學都願意做一點嘗試，就有影響。（採訪整理／張益勤）

台灣現場1

實驗教育提供不一樣的選擇

實驗教育三法，開啟了「家長擇校世代」，帶來教育的多元彈性。
未來將有更多因應不同需求而存在的教育模式，
回應每個孩子不同的學習需求，漸漸做到真正的「適性」教育。

文／張瀞文、陳雅慧　攝影／鄒保祥

當年十七歲、在宜蘭縣參加清水小校團體自學的黃易凡，八年級時從苗栗縣全人實驗中學轉到宜蘭縣的公立國中，全因媽媽希望她能理解：「所有台灣學生都在努力什麼？」

剛進公立國中時，黃易凡非常「狀況外」，連什麼叫做「繡學號」都不懂。「有一次數學老師要求我們抄黑板的習作題，那題我已經會算。我不是很清楚老師要求的目的，用橘色的筆抄寫，格式也沒有按照老師要求，後來被扣很多分數，我心想：『有差嗎？』」

她觀察同學們的生活都非常忙碌，五點多放學，都還要補習到晚上八、九點。黃易凡九年級時決定要離開體制內學校，因為：「學校每天排得滿滿，每一個小時都有人告訴你現在該做什麼。我本來好像都知道自己什麼時候該做什麼，現在反而不知道了！」

近十年來，愈來愈多像黃易凡一樣，想尋找不同學習方式的家長和學生，離開主流體制內學校，大膽走進「實驗教育」。

所謂實驗教育，廣義來說，只要和「普通教育」不一樣：形式上，師資與課程不受國家規範；理念上，跳脫升學主義以及學科至上的桎梏，鼓勵孩子多元探索、自主學習的教育形式，都可以稱之。

根據教育部資料，一〇三學年度有二五四八名國民中小學生、二一二名高

實驗教育的課程、師資、時數等都和一般國中小大不同，展現鮮明的教育理念。

中學生申請自學。光是國中小的自學人數，從二〇〇三年來就成長了五・五倍。台北市在一〇三學年度國小減了二四二班，高雄市也減少一七六班；但宜蘭縣的慈心華德福中小學不但招滿，還面臨年年增班、但校地不足的困擾。

這幾年，實驗教育機構愈來愈多、樣貌愈來愈多元，家長的需求日益增加，讓教育主管機關不得不正視。二〇一四年十一月，總統府公布實施「實驗教育三法」（包含〈高級中等以下教育階段非學校型態實驗教育實施條例〉〈學校型態實驗教育實施條例〉〈公立國民小學及國民中學委託私人辦理條例〉），讓在家自學、實驗學校及公辦民營都有了中央法源，鼓勵更多對教育有想法的民間力量，投入中小學教育。

也就是說，在過去課程、師資、時數，甚至教育實施的方式，都與國家規定的中小學教育大不同，只能生存於「體制外」的實驗學校，在實驗教育三法的法源通過後，就能被認可，取得合法的地位。

實驗教育三法，涵蓋的教育形式有：個人自學、團體自學（三十人以下）、機構自學（每班二十五人以下）、學校型態實驗教育（每個年級最多四十人）、公辦民營等。

法令鬆綁了實驗教育的辦學限制，最明顯的改變是，將有愈來愈多不同、對教育有理想者辦學，會有更多因應不同需求而存在的教育模式，回應每個孩子不同的學習需求，漸漸做到真正的「適性」教育。

什麼是實驗教育？

精神：容許跳脫現有教育體制，做大幅實驗與創新的教育方式，課程與師資可以不受政府規範。

非學校型態實驗教育		
種類	人數	特色
個人自學	3人以下	管制最鬆
團體自學	3~30人	成長最快
機構自學	每班25人為限，國中小總人數250人以下，高中總人數125人以下	看起來像學校，但法律上不是，學生需要寄籍在公立學校

學校型態實驗教育		
種類	人數	特色
私立	每年級學生以40人為限，全校不得超過480人	辦學資源由民間自籌，學費最高
公辦公營	每年級學生以40人為限，全校不得超過480人	公立學校可改制或新設實驗學校，比例以縣市內同一階段學校的5%為限。特殊情況經教育部核可最多可到10%，學費與公校相同
公辦民營	與各縣市公立學校規定相同	以宜蘭縣慈心華德福、人文中小學最廣為人知。學費介於私立與公辦公營之間

百花齊放

融合地方特色，種類更多元

自學、公辦民營、公私立實驗學校等不同教育間的界限，也會愈來愈模糊，形成新的合作關係。

例如：新北市新店區的赤皮仔自學團就和台北市文山區山下的博嘉國小合作，由赤皮仔邀請講師，博嘉提供場地，自學團體和公校的孩子一起上課；還有向台北市華江國小借教室的台北市同心華德福教育共學團體，華江友善的提供自學生使用學校圖書館，同心也讓老師支援學校家長進修的演講。那些因為少子化瀕臨裁併的小校，也可能成為地方教育特色發展的基地，吸引更多學生。例如雲林縣樟湖國中小在校長陳清圳的努力下，有近九成的學生來自外地。

即便未來實驗教育學校的類型將愈來愈多，但是實驗教育並非萬靈丹，「實驗教育是條辛苦的路，這裡不是桃花源，所有你該遭遇的酸甜苦辣、歷程、問題，在這邊都會遇到，像是孩子青春期反叛不會少，而且你還要承受很多的異樣眼光。」這是實驗教育先驅——新北市烏來區種籽實小教師黃瑋寧的提醒。

前車之鑑

被稱為「實驗」，就存在失敗風險

國內十幾年實驗教育篳路藍縷的歷史，有許多珍貴經驗值得想要投入的父母參考。十幾年前實驗教育的辦學者，重要的目標是逃離體制教育的缺失，希望以快樂、自主學習，來抗衡台灣體制教育長期以來被考試扭曲的身心靈。但是，過度強調自主和自由，沒有穩定的課程教學和品管，也成為早期實驗教育在台灣發展的危機。

「以前太自由了，我宣布下次上課要考試，結果居然只來了一個學生，這個學生還是因為上次缺課，不知道要考試，所以他一聽到要考試就離開了！」宜蘭清水小校老師包黛瑩，提起以前在全人中學教書時的震撼。

曾經在體制內中學和體制外宜蘭縣人文國民中小學擔任老師、現任漢帝學習創新中心校長的李光莒觀察，選擇自學的家長們，常常過度看輕基礎學力的教學專業。而且，實驗教育之所以被稱為「實驗」，就是可能會有失敗的風險存在，地方政府核可的實驗教育也可能失敗，或是不適合你的孩子。

雖然法令有規定評鑑太差要退場，學生就會被政府安置到學區內的學校，但是實際的執行不一定那麼順利，政大法律系副教授廖元豪說：「我們的社會一旦開放，就抓不到標準，現在也有很多做得很差的私校，但真正收掉的很少。」

（黃建賓攝）

實驗教育三法通過，更擴大了「家長擇校世代」的選擇光譜，
背後除了有更大的教育多元與彈性，常常也需要家長的深度參與。
選擇實驗教育，改變的不僅是孩子，更是一整個家庭的生活節奏。

師資也是實驗教育良窳的關鍵。即便老師有心，也不一定能勝任或適應。南部某實驗國小轉型時，原學校教師自費去參加華德福師訓，在校內自辦多次讀書會，認真精進專業，但是一年後，多數老師還是選擇調校或離職。

筆路藍縷

家長須成為辦學夥伴

不管是選擇自學或是進入實驗學校，家長也得認識，其實沒有一所「現成」的實驗學校。多數的實驗學校，孩子入學後，家長必須很深入的參與，改變的是一整個家庭的生活節奏。實驗教育裡的家長，通常無法像一般公立學校的家長，可以完全不必參與學校的事務，或是只需去講講故事、輪流當導護志工就好。

台灣目前的實驗學校，都在篳路藍縷的建構和隨時改變中。選擇將孩子送進去，其實也等於自己選擇要捲起袖子一起參與辦學。不管是出錢或是出力，家長可能要輪流去學校幫孩子煮營養午餐；缺老師自己可能需要下去客串；頻繁的校外教學，一定得輪流去當志工。選擇實驗教育的家長，得要學會「享受」這樣的過程。

實驗教育三法開啟了「家長擇校世代」，如何在同時，帶來教育的多元彈性與公平正義，值得每一個在乎教育的你我，都要持續關注。

實驗教育相對論

樂觀派　自學推手陳怡光

未來每個人都能辦教育

「保障教育選擇權聯盟總召集人」陳怡光，為實驗教育法案努力多年，他認為，實驗教育三法通過，象徵台灣教育的「解嚴」。為僵固的中小學教育開了一扇窗，將帶來新的氣象，未來的五到十年，將改變台灣的教育樣貌。

實驗教育基本上就是回到教育本質，讓施教者、受教者、家長創造一個他們想要的教育。讓施教者有充分空間去做想做的事，讓受教者和家長有充分的選擇去受他想受的教育。實驗教育三法的通過，將改變台灣的教育現況：

改變一：教育理想有機會落實

在過去，要在公校系統之外辦學校，除非政黨關係良好，例如：華興中學、復興實驗高中；或是宗教團體，像是普台中學、慈濟中學；要不然就是財團，像是義大實驗高中。

實驗教育三法，降低了「辦教育」（不一定是辦學校）的門檻，很多對於教育有理念的人，現在就算沒有雄厚的資本也能投入。三法通過後，台大電機系教授葉丙成已在推動「無界塾」計劃，希望辦個「無國界學校」，招募、訓練優秀的老師，成為自學團體的師資。

更早之前，藝人蕭敬騰、導演王小棣都曾說過希望辦學校，現在有法源，使得辦教育的門檻變低，讓更多想對教育有想法的人都可以投入、實踐。

改變二：打開教育樣貌的光譜

過去，就算再多人投入，在同一個課綱框架下，任教科目、時數、師資都規範好了，辦出來的教育還是差不多，實驗教育三法解開這些限制，對教育的想像可以跳出課綱框框。

未來的教育不再是「公立vs.私立」「體制內vs.體制外」這種二分法，而會呈現一個光譜，如果左邊是管制最少的在家自學、右邊是管制最多的普通公立學校，這中間的教育樣貌會非常多元。從非學校型態的在家自學，然後團體自學、機構自學；漸漸過渡到私立學校型態，私立實驗學校、私立普通學校，然後是公辦民營實驗學校、公辦實驗學校、一般公立學校。

不同型態的界限不再那麼清晰，因為這是一個光譜，彼此容易互相參照學習，會慢慢的彼此滲透。

也就是說，當機構自學辦得不錯，下一步可能會去做私立實驗學校。也許某個私立學校辦得不好，就乾脆提供校地讓找不到地方的自學團體來經營。或者團體做得不錯，政府就來找他公辦民營。

學校樣態的流動，會讓大家比較容易看得到教育不同的樣貌，我們會有本土的案例，不需要每次談到教育就要到國外參訪。

改變三：家長要先了解才能適性選擇

未來教育管制程度低、選擇性高，家長做為一個教育服務的消費者，你必須要更了解你在買什麼樣的東西。你要了解孩子的特性、學校的教育方式、教育內容、教育理念，再來挑合適的教育。

多元的教育樣貌，更能回應孩子在學習上的多元需求，孩子就有機會依照他的能力與興趣，去選擇最適合他的教育方式。（採訪整理／張瀞文）

憂心派　法律教授廖元豪

新法恐造成公校弱化

政大法律系副教授廖元豪，樂見實驗教育三法中宣示教育的彈性與多元的價值，但他認為不宜過度樂觀。在目前情況下，法令在短時間很難帶來真正的改變，他也提出實驗教育三法可能會帶來的負面效應。

實驗教育三法在主流公校教育中，讓教育彈性化，是非常進步的方向，我也樂見台灣教育能夠鬆綁，走向彈性多元。但是實驗教育在短時間內，能夠改變的有限，我有三個提醒：

提醒一：重點在執法者

我們要去看這個法鬆綁的是人事、財務等行政體系，還是教育內容？從法規看起來兩者都有，校長、教師任用不一定要照《教師法》，課程內容不一定照課綱，但我看起來，行政體制的彈性會比較快，但是內容不一定。內容的部分必須提計畫，地方實驗教育審議會一定會有框架，會給多少課程實驗彈性，要觀察，尤其是在這麼強的升學主義之下。

提醒二：審核分寸的隱憂

目前設立實驗教育是交由審議會審議，後續品管由縣市政府把關。但是如何審議實驗教育？要從嚴或從寬？會不會審核過嚴公校化、審核過寬補習班化？

公辦民營條例中，學校雖然委託新的團隊來經營，但是原學校的教職員都留任，裡面所有的人都還是舊的，經營者不一定能聘雇和你有相同教育理念的人。審議會也可能是用公校的框架來檢視新設學校，造成實驗學校公校化。

另一個極端是實驗學校補習班化。當新設了學校，不理國家課綱、不理現行制度，可以把國中三年的東西用兩年教完，用補習班最好的老師，造成家長很樂意的來，願意付很多錢。

如何在商業化，及我們追求的彈性教育中找到好的模式，需要時間，大家都會在這個過程中學習。

提醒三：公校弱化的危機

這個法最好的方向是，新的教育模式慢慢回頭影響既有僵化的教育方式，促成整體教育的改變。但我比較不樂觀，實驗教育短期內還是小眾。反倒是美國有前車之鑑，不可不慎。

美國做「學校選擇」方案，開放不同類型的學校，並投入資源，希望藉由家長選擇，讓這些學校和公立學校形成競爭關係，促使公立學校改變。但是美國的公立學校沒有因此改變，因為公校爛的原因不是因為沒競爭。反而因為資源、人力都可以用不同的方式逃離，於是更沒有人可以將公立學校弄好。

這個方案，的確救了一些受不了公校系統的人，但是多數的人救不到，甚至資源會更缺。當有資源的家長、有想法的老師都走了，公立學校留下來的親、師、生，是最沒有能力改變的一群人。

這是美國的經驗，但台灣會不會發生相同的結果？如何讓既有體制也充滿彈性？而不是讓有能力的家長有選擇，沒有能力的家長更沒選擇。（採訪整理／張瀞文）

台灣現場2

實驗三法通過 教育史上最大開放

文／張瀞文　採訪／張益勤　攝影／許育愷

「實驗教育三法」在二〇一四年通過，隔年就有十九所公辦公營實驗學校招生。《親子天下》為此進行民調，了解家長對國民教育與實驗教育的期待。家長與學校、縣市政府期待解決的問題，真能因此而被圓滿解決？

二〇一五年九月，看似與過去沒什麼不同的開學季，有些改變已悄悄發生。

彰化縣的民權國小低年級，在這一年試行「華德福教育實驗計畫」。這所因少子化招生困難的偏鄉小校，九月後轉型為公辦公營實驗學校，小一、小二在八月已招生額滿。好幾所偏鄉小校，打破了原來的教學邏輯，這個學期開始，將嘗試不同年級的學生併班，混齡上課。

不僅是偏鄉，都會區的實驗教育團體，也如雨後春筍般冒出頭。

台大電機系教授葉丙成籌辦的自學團體「無界塾」，借用台北市芳和國中的教室開課，混合了國小的五、六年級學生和國中生一起學習。未來這些孩子，被問起：「你在哪個學校？讀幾年級？」答案，變得一言難盡。

法規鬆綁
將打破公校樣貌

不只課綱和課程被打破，未來的中小學生，學校和年級的界線，也都可能消失。

這些改變都是因為「實驗教育三法」在二〇一四年底通過，打破了原來學校的樣貌。自學、共學、讀實驗學校等學習方式，再也不困難。

二〇一五年，是教育界動盪而新生的一年。

一端是陸續消失的學校。

二〇一五年開學前，台灣共有兩千六百多所國小，其中超過三百所，占總數約七分之一是五十人以下瀕臨裁併的小校。

《親子天下》在二〇一五年七月針對二十二縣市教育局處長調查，在縣市層級有四十二所中小學已列入裁校名單，這些學校不久後就可能消失。

一間接著一間的國小要裁併，社區、校長和老師被這樣的危機感催促著改革的行動。

一端是不斷冒出來改掛招牌的「實驗學校」。

「實驗教育元年」為裁併校暗潮帶來曙光。根據《親子天下》調查，實驗教育法通過才半年多，就有十九所「公辦公營實驗學校」招生。在實驗教育元年，宣告了一種「決心」。

六〇%以上的局處長也預測，未來三年內，轄內還會出現更多新的實驗教育學校。

一九九四年，教育現場曾發起「四一〇教改」為下一代而走的大規模遊行，高雄市教育局局長范巽綠，在二〇〇〇年任教育部政務次長。她觀察，「實驗教育三法，是教育史上最大的開放」。

台灣翻轉教育推手之一，台大電機系教授葉丙成也認為，「實驗教育將改變台灣的『教育ＫＰＩ』」。自學教父陳怡光則指出，教改推行多年，實驗教育法令宣告台灣教育真正的「解嚴」。

《親子天下》在二〇一五年六到七月，執行了全國家長電話民調和二十二縣市教育局處長調查，解讀實驗教育將帶來的衝擊。

實驗學校招生，國民教育危機或轉機？

——2015《親子天下》國民教育大調查

危機！

52% 家長給國民教育分數不及格

Q：0～100分，你給國民教育打幾分？

48%家長曾為選校而苦惱

33%家長為了理想學校而遷戶籍

衝擊！

100% 的縣市教育局處長都認為實驗教育將影響學校

Q：請問局處長，實驗教育三法通過後，未來3年實驗教育是否會影響國中小？

部分影響	55%
大有影響	25%
些微影響	20%
完全沒影響	0%

實驗教育對公校的教學方式影響最大

Q：請問局處長，實驗教育法通過後，對國中小教育具體影響最大的是哪個部分？

開放教學方式的創新可能	63.2%
促進課程創新	31.6%
師資來源多樣化	5.2%

3年內，近六〇%縣市會有公辦公營實驗學校

Q：請問局處長，貴縣市在未來3年內，預估是否會有新的實驗學校？

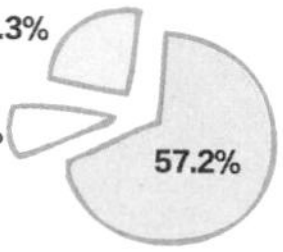

轉機？

近四成家長樂意接受新的學校樣貌

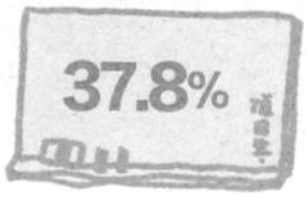

37.8% 家長願意讓孩子就讀課程和老師不受教育部規定限制的公立實驗學校

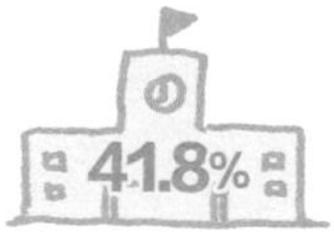

41.8% 家長同意把公校開放給有理念的民間團體或個人經營

調查方法：1. 2015年《親子天下》實驗教育縣市調查於7月7日至8月11日進行，調查對象為全國22縣市政府教育局處，以郵寄方式寄送問卷，最後回收22份問卷，回收率為100%。
2. 2015年《親子天下》實驗教育民調於6月8日至7月6日進行，調查方法以台灣住家電話號碼簿為母體，以分層隨機抽樣方式抽取家戶電話號碼，並進行尾兩碼隨機替代。成功訪問有效樣本1,196位台閩地區年滿18歲以上，且家中有未滿18歲的子女或孫子女之成人，在95%的信心水準下，抽樣誤差為正負2.83個百分點。

調查執行：天下雜誌調查中心　製表：張瀞文、邱千蕙

家長需求

改善制度、教有用的知識

同年六月底，在政治大學一場「實驗教育回顧與展望論壇」中，開計程車的廖先生誤打誤撞進到論壇場合，第一次聽到「實驗教育」「自學」等詞，他在提問時間舉起手說：「我女兒剛離開〇〇國小，但我不確定她去的下一個學校會不會比較好。他們老師六〇%以上的時間在管學生秩序，沒辦法上課。建議教育部長官，好好去看看學校，我們花了那麼多錢在學校，卻完全得不到效果。」

廖先生的心情並不孤單。根據民調結果，超過一半家長給台灣的國民教育打了不及格的分數，平均分數也僅有六十三分。有近五〇%的家長表示，曾為了幫孩子選擇學校而困擾，更有超過三〇%家長實際用腳投票，為了就讀理想中的學校而遷戶籍。

「是國中！」聽到國民教育整體得到這麼低的分數，許多受訪者的第一個反應都想到是國中教育，包括前任教育部部長吳思華。

資深媒體人陳安儀，在女兒讀了幾個月公立國中後，看著孩子從小建立的活潑、自信、均衡，在短短幾個月內，被體制的分數排名，打擊得體無完膚，因而將孩子轉到宜蘭的實驗學校人文中小學。

在這股教育的需求與供給落差氛圍中，實驗教育法像是給了一條出路。

在《親子天下》針對二十二縣市做的縣市調查發現，所有的教育局處長都認為，公立學校的辦學，在三年內一定會受到實驗學校的衝擊。問到「實驗教育三法通過後，您認為未來三年實驗教育是否影響國中小教育樣貌」，所有的局處長都認為有影響。

轉機

掙開框架，鬆動體制內學校的教學與課程

實驗教育三法，給教育現場帶來多元彈性的空間，也為過往僵固的體制帶來轉變的希望。從課程、教學方式、編班模式，到學校的角色等，學校可以不僅止於扮演「學習中心」，也可以是社區或聚落的「文化堡壘」，更能扮演國民教育的前哨站，探求教育可以不一樣的可能性。

改變一：家長與政策制定者，對實驗教育的接受度提升

問各縣市教育局處長：「實驗教育法通過對於國中小教育影響最大的是什麼？」六三．二%認為是「開放教學方式的創新可能」，其次三分之一覺得是「將促進課程創新」。

家長端對實驗教育的接受度也高。「同意公立學校開放給有理念的民間團體經營」的家長超過四成；如果問「公立學校轉型為實驗學校，課程與老師不用受教育部規定限

制」，願意送孩子去就讀的家長也接近四成。

公校辦實驗教育，改變了實驗教育的定位。實驗學校愈來愈多，學費付得起、也就在你家附近，成為一般家庭也可以選讀的教育。

改變二：讓「學校」的樣貌，突破原本的想像

政大教育學系副教授鄭同僚，帶領全台五所偏鄉小校轉型實驗學校，進行混齡教學，希望小校能夠延伸到國中，留住社區外流人口，讓孩子在社區長大。他對學校的想像是「沒有圍牆的村落中心」。

位於宜蘭的不老部落，以團體自學方式成立了「原根職校」，則是另一個例子。他們的教室不在學校，而在部落集會所，每周上課一天，工作四天。十四位高中自學生，都來自宜蘭寒溪的各個部落；四十四位不支薪的老師，來自全台各地，彼此不相識，唯一的共同點是曾到不老部落用過餐，因為喜愛這裡而成為志工老師。這個全名為「不老部落原根團體實驗教育」的學校，也同樣打破了過往人們對「學校」的制式想像。

改變三：更貼近在地文化的教材，也留住當地的人才

在課程內包含了部落生活裡的打獵、織布、雕刻、農作等，部落耆老就是老師……這不是夢想。在屏東縣原住民處處長伍麗華歷任的兩所學校中，這已成為學校的日常風景。

伍麗華，歷任屏東縣地磨兒小學與泰武小學，是第一位帶著老師，發展出國內第一套融入原住民文化的教材，泰武幼兒園更是全台第一個以全族語教學的學校。在熟悉的文化脈絡下，讓原本被評為智能不足的孩子成為資優生，帶起了偏鄉孩子的學習動力，更讓耆老成為部落文化的傳承者。

面對實驗教育的開放，伍麗華觀察，當課程全國一致時，很難顧及學生的多元與社區文化差異；但在實驗教育的空間下，部落學校就有機會打破課程框架，打造真正屬於原住民的課程。

改變四：點燃更多的「個人化學習」與「創新精神」可能性

實驗教育三法通過近兩年，許多體制外的泛教育工作者紛紛投入。頻繁的交流與對話，也讓原本體制內的教育工作者，看到更多不同教育風景。

成立均一教育平台的誠致教育基金會，匯聚了一群篤信「用科技改變教育」的工作者。連續兩年，基金會創辦人方新舟帶著一群熱血的科技人與教師，除了參加美國最大公辦民營體系 KIPP 年會外，也參訪美國不同型式的學校，帶回對實驗教育的更多寬廣想像。

「當實驗教育有機會像新創公司一樣，不需要很大的團隊、資本就可以成立時，才有可能遍地開花。」科技人出身的方新舟，透過均一教育平台，讓科技成為「客製化教育」

的助力；但若要擴大影響力，他更深信得讓教育現場融入更多的創新精神，甚至讓實驗學校與普通學校有良性的競爭和互動。

「實驗教育最大的力量，在於透過孩子，改變大人。」孩子就讀體制外台中華德福學校的台中市市長林佳龍認為，學校是家庭的延伸，也是社會教育的反映，教育雖然有該處理的問題，但是家長願不願意改變與調整，更是關鍵。

危機
公校轉型的四個現實困境

然而，任何的轉型，都勢必衝撞著存在已久的體制。在目前的實驗教育法中，各縣市公辦公營實驗教育學校總數，不得超過同一教育階段總校數的五％。雖然這微小的五％開啟了諸多可能與想像，但仍有許多的困境亟待突破：

困境一：「傳火的人」在哪裡？

要支撐起一個「不同」的教育，需要很多的決心與使命。新北市森林小學當初辦學沒有法源，校長朱台翔差點就成為「中華民國史上第一個教育犯」。

「每個實驗學校都有一個『傳火的人』，把火種帶進來，願意不顧一切、犧牲私我往

實驗學校家長、台中市市長談實驗教育

林佳龍：是孩子帶著我們一步步往前走

「實驗教育三法」的通過，號稱是教育史上最大開放。從四一〇教改到現在，經歷了二十年，一路走來，都是孩子帶著我們去突破教育的限制。一開始只是一些勇敢的家長，為孩子選擇另類學習的路，一路走來跌跌撞撞。

我因著不同的身分，經歷了台灣教育重要改革，尤其是成為實驗教育的家長。我進入立法院，使命就是要推動實驗教育的立法，很幸運可以在離開國會前完成；現在又轉換成台中市長，可以把自己立的法和身為自學小孩父母的經驗，在這個位置上發揮。從體制外到體制內，從中央到地方，有很多勇敢的夥伴，走到這一步，我已預見教育會起根本上的變化。

台灣教育原本是以「教化」為中心，但是現在轉到以「受教者」為主體的主流。這種思想的轉變如何落實到政策？

這過程中，都是孩子帶著我們一步步往前走。接受體制外實驗教育的孩子，一路長大，而政府只能跟在他們後面制訂法律。現在各縣市的實驗教育遍地開花，更多父母希望把實驗教育變成選項。

孩子需要足夠的澆灌和等待

實驗教育的鬆綁，也在建構不同教育理念和方法。實驗教育愈有活力，就有機會不斷衝撞體制，讓體制得以翻轉改變。很多老師在體制內翻轉，很辛苦，因為自己變得很另類。但現在有了實驗教育的法源，課程和教法甚至師資的改變，就變得理所當然了。

我走實驗教育這條路，最要感謝我的孩子，讓我理解以前怎麼受教育，以及該怎麼去教育下一代。是孩子帶著家長改變。每一個家長要認識孩子，讓孩子隨著生命節奏去發展。到底這一顆種子是什麼？玫瑰或薔薇，是鐵樹或是大王椰子。若是沒有足夠的澆灌和等待，就要塑型，就會失去讓他們開花結果的機會。

這也是一個關鍵時刻，若是沒有很好的管理和配套，實驗教育也很可能會失敗。譬如公辦民營要很小心，要注意民營是誰，要有實驗教育熱情，不能拿孩子未來當賭注，教育主管機關要花很多精神。社會已經進步很迅速，我們無法預知現在主流知識和課程，在二十年之後，仍是主流。要讓孩子學習帶得走的能力，可以適性、均衡快樂，生命就可以找到出路。

小孩的可塑性很高像水，我們不要太快讓他們變成冰塊，應當讓冰塊融化，在各種容器都可以流動，這是我們這一代應該為下一代做的。這不屬於個別家長或個別小孩的事情，而是整個社會的事情。小孩像天使來到人間，最多十到二十年，他有自己要走的路，我們對教育充滿愛與希望，因為這不是一件自私的事，不是我們養他育他就要帶他走，我們要給最好的支持，讓他可以展翅高飛。（文／林佳龍）

前走。」新竹教育大學華德福教育中心主任成虹飛說。

宜蘭的內城國中小，則是靠內城社區發展協會理事長簡裕鴻的努力。二〇一三年，內城國中小成立，第一任校長遴選，連續兩次都沒有人來投件，簡裕鴻找上當初設校的籌備主任劉獻東來遴選，並一一說服教師團隊、遴選委員，「八月一日學校要成立，七月六日還沒有校長！」簡裕鴻在受訪時說出他的心急。後來，劉獻東成為內城的第一任校長。

四十五歲的簡裕鴻，是在內城長大的小孩，看著社區的沒落、學校就要消失，爭取將內城國小與榮源國中改制為內城國中小。在學校發展新課程這兩年，他帶入社區的資源，他跟劉獻東說：「你有八年校長任期，我也有八年理事長的時間，我們一起為這個學校扎根。」

「傳火的人」也不能只是一個人孤軍奮戰。雲林潮厝國小也是二〇一五年掛上公辦公營實驗學校，但其實從二〇一一年轉型華德福學校以來，每個月都有一個週末，校長廖宏彬會帶著全校老師、家長，驅車到宜蘭慈心華德福接受師訓。

困境二：沒釐清問題就急著實驗

中部一所已經進入裁併名單的小校，社區和老師們捨不得學校消失，努力找方法轉型，希望招來更多學生，將學校留下。他們選擇了「招牌最大」的華德福，老師自費上師訓，請了解華德福的人來社區說明華德福教育，聽完說明，村長一臉茫然：「我聽不懂。

我以為是要讓學校做很多英語和才藝。」

當很多縣市試圖仿造宜蘭慈心華德福，做為解救偏鄉小校的萬靈丹，雲林縣樟湖國中小校長陳清圳不以為然。他認為，許多人都還沒釐清問題，就急著要實驗教育，「現有體制也可以解決問題，不一定要實驗教育」。實驗教育不可能解決小校的問題，要解決問題必須先釐清「問題是什麼」。

「這就像偏鄉教育的問題是『胃潰瘍』，你卻一直給他『轉骨方』（指實驗教育），就是沒有對症下藥。」台灣實驗教育聯盟祕書長魏坤賓這樣比喻。他呼籲，偏鄉小校要先釐清問題：是資源不足？人口外流？師資不穩定？或是因為課綱限制無法發展特色？才去思考：要不要轉型？只能朝實驗教育轉型嗎？要跟著流行做華德福嗎？

困境三：校長、老師任期仍未鬆綁

實驗教育的發展本來就篳路襤褸，公辦實驗教育希望在傳統學校的框架中，裝載實驗教育的靈魂，更是不易。「地方政府也想嘗試創新，但是公辦實驗教育的校長、老師資格沒有鬆綁。」長期關注教育法令的國立台北教育大學主任祕書周志宏認為，在這次實驗教育法令中，對公辦實驗學校規範相對保守。傳統學校的經營與課程、校長四年的任期、教師必須原校留任等規定，在發展實驗教育時都可能是阻力。

有學校為了讓阻力變小，乾脆一校兩制，反而讓學校氛圍對立。多數公立學校初期的

前教育部部長談實驗教育

吳思華：我們扮演創新的支持者、審核者

少子化帶來了教育資源的閒置，包括空間、師資等，資源的閒置其實就是創新的機會，加上實驗教育三法通過、家長對教育期待愈來愈多元、又有熱情的校長願意做各種嘗試，環境給了很好的機會去創新，推實驗教育。

實驗教育應該做為「國民教育的前哨」，看見不同典範，進而影響主流。教育部身為中央主管機關，積極的角色是創新的支持者與守護者，在消極面又要做為審核者，讓社會安心。

做為支持者，教育部希望對於以教育理念為出發點辦學的實驗教育，提供基本的教育資源，比如下年度的經費編得寬一點，讓願意實驗的縣市提出計畫後就可以開始去做。然而，教師部分很重要，讓實驗教育的師資培育維持相當程度的草根性，才可能培養出不同的教學。

做為審查者，在保護創新想法不被抹煞的同時，也必須審查，讓社會放心。所以我們想推動審查委員工作坊，建立人才庫，也讓大家對實驗教育有共識。

我相信，只要核心的理念跟價值是好的，就應該去做。而過程千萬不能太著急。改變要時間，我們要讓社會在穩定的環境中向前走，然後盡力走得快一點、順暢一點。（採訪／張瀞文 整理／劉亦佳）

狀況會是，形式鬆綁了，但內容和精神還沒。

師資部分，有些學校老師得知學校要辦實驗，有條件調的都申請調動，在學校留下的都是「走不了的」；有些學校，老師有心試試卻不知從何開始，今年轉型實驗學校的某老師接獲通知後茫茫然：「我們被通知要做，但是現在的感覺是，繩索拿掉之後不知如何跑。」

目前的公辦實驗教育，都是為了偏鄉轉型，公校也沒有學制往上延伸的彈性，這群受實驗教育的學生小學畢業時，勢必需面對要不要回到一般公立國中銜接問題。

過去實驗教育在「體制外」，就是要衝撞、不妥協、不一樣，立法之後，實驗教育成為法制的一部分，成為主流，也要接受評鑑。

困境四：急就章，缺乏共識與經驗

第一年上路的公辦實驗學校，多數學校都是匆忙開始。「接到校長電話那天我在外縣市，他說我們下學期要變實驗學校，明天要交計畫，我只好跟〇〇國小借了計畫書來抄。」某所二〇一五年掛牌的實驗學校老師坦承，他對實驗教育有期待與想像，但是時程快到根本來不及細細思考自己的路。

縣市政府核准只是給了建照資格，但實驗教育要成功，幾乎所有的人都要投身下來，邊做邊調整，一起把學校「搭建」起來。

光禾華德福實驗教育機構，是高雄市最早將華德福教育延伸至國小的機構，目前招生穩定。但四年前投入創辦的十六位家長，至今只剩十人，創辦人張簡立紘解釋：「家長、老師，每一個人體會到的華德福教育是有出入的。」

實驗教育辦學路上，「因理想而相遇、因理解而分開」的故事比比皆是，更遑論是連「要什麼」都還沒想清楚，就跳下來辦教育的一群人。

實驗教育開啟了新的教育時代，或許解決了一些體制內不能處理的問題，卻不是能治百病的萬能藥。對陳清圳來說，實驗教育不是掛有華德福、蒙特梭利形式的教育，而是「體制內的突破」。換言之，所有課程都是實驗課程的一種。例如九年一貫有空白課程，就是要讓學校「做實驗」，「結果大家拿來上學科，很可惜」。

我們的中小學教育，或許不需要很多實驗學校，但是需要真正的創新和實踐的行動力，每間教室都需要創新與彈性，以回應每個孩子不一樣的需求。

眺望未來

讓年輕人當校長 加速推動教育創新

即使推動改革之路迢迢，但不分體制內外，
仍有一群懷抱著無比熱忱的教育工作者，
在參訪了美國不同型式的教育機構後，
對如何打造更友善於實驗教育發展的環境，提出建言……

文／方新舟、林國源、施信源

二〇一六年七月底，我們跟十幾位校長老師前往美國，參加全美最大的公辦民營學校KIPP（Knowledge Is Power Program，知識就是力量計畫）年會，並參觀華德福學校、可汗實驗學校。

這三個實驗學校的對象很不相同：KIPP主要以弱勢、黑人、移民為主，華德福及可汗則是以中產階級家庭為主；方法也很不同：KIPP嚴管勤學，華德福及可汗都非常自由，可汗非常重視科技融入，華德福不用科技——但是他們的目標卻很一致：透過教育，讓每一位孩子得到獨立、自由。

我們希望能透過這篇文章，讓台灣的教育能跟上時代的腳步。

一、中央應該主導或支持個人化學習的實驗教育

現代教育體系類似工廠，用標準製作流程，把人一個個生產出來。這種生產模式在初期很有效率，可以用很少的成本，在很短時間內製造出一批國家可以使用的人才。經過一、二百年的演進，這方法近來卻產生很多弊端，最嚴重的是，它不但壓抑創造力，更抹滅人與人間的差異，而這差異造成的多元，是人類社會最寶貴的資產。

有鑑於此，早在一百多年前，歐美就開始出現各式各樣以人為核心的實驗教育。蒙特梭利、華德福都是這類實驗教育的先驅。他們採取截然不同的教學方法，也培養出很傑出的人才。挪威前總理延斯・史托騰伯格（Jens Stoltenberg），就是華德福畢業生。

時光迅速快轉，進入二十一世紀，因為科技進步，以人為核心，以線上教育為工具，希望成就每一位學生的個人化學習（Personalized Learning）開始在全球各地發展出來。美國的可汗學校（Khan Lab School、AltSchool）、Summit等都是這波教育改革的先鋒。他們實驗的時間雖短，成效已經令人刮目相看。

台灣近年來雖然也掀起翻轉教育的熱潮，但我們還停留在幼兒園的階段。主要原因是，我們的線上教育，無論是誠致教育基金會的均一教育平台、或台北市的酷課雲、高雄市的 **Dr. Go**，都還很陽春，除了很基本的影片、練習題外，我們沒有很複雜的演算法，不能提供有效的個人化學習給每一使用者。

反觀對岸的中國，在過去幾年大力推動「互聯網＋教育」，吸引極大的創投資金投入，動輒有好幾百萬使用者，創造出幾個令人佩服的產品出來。

除了軟體外，線上教育還需要有長期、穩定、傑出的老師來製作課程。過去一年，教育部的中小學磨課師計畫，雖然投入非常多資金，但是因為參與的老師都是被短期徵召，無法深入研究，做出來的課程品質很普通，浪費他們的寶貴時間，甚為可惜。

我們建議，由民間單位申請一個隸屬中央的公辦民營學校，利用線上教育，以「個人化學習」為主要的教學法，讓每一個孩子都能發展天賦，品學兼優。如果中央也認同這個理念，誠致教育基金會願意成為第一個申請的單位。

二、實驗教育法，要鼓勵從無到有的創新

實驗教育法在二〇一四年立法後，教育界原本預期會有很多實驗學校成立。但是這兩年通過的實驗學校屈指可數。我們認為主要原因在於，實驗教育法沒有把「從無到有的創新精神」落實到法規裡。

實驗教育法雖然沒有明文規定新設學校的規模，但是地方首長考慮是否批准實驗學校時，常常會以「看得到的政績」為考量，以利下一次的選舉。我們了解這是民選首長的常情，但在這樣的思維下，地方首長就希望實驗學校能解決他們的問題。例如，某一所學校的辦學成效不好，學生陸續轉學到附近學校，換了幾任校長都無起色，這時，地方首長就會希望民間基金會接手。

這跟實驗教育的本質是相抵觸的。任何教育哲學跟方法都不是特效藥，尤其實驗教育本身有它的風險跟挑戰，需要長時間的投入才能看到成效。參與實驗教育的校長、老師、家長、學生都必需認同它的理念和哲學，實驗教育才有可能成功。

怎麼鼓勵從無到有的創新呢？

第一，把設立實驗學校要通過的門檻降低、流程簡化，讓實驗學校可以從一個班級開始。第二，把學校的組織、人事、經費大幅鬆綁，讓一個班級的學校也可以有效經營。第三，把現有學校空閒的教室讓出來，讓一個校園內，同時有實驗學校及普通學校，彼此有良性的競爭和互動。

我們相信，當實驗教育有機會像新創公司一樣，不需要很大的團隊、資本就可以成立，實驗教育才有機會遍地開花。

教育是培育人才的土壤，也是社會改革的引擎。人才的養成有賴正確的教育政策，而社會改革的推動更需要時間和空間的騰挪。實驗教育是台灣教育進步的一線曙光，我們如果不能以興利的正向思維，去解構政府體系的防弊假定，如何追求更好的明天？

三、實驗教育法，要鼓勵年輕人當校長

年輕人是台灣的未來，我們應該竭盡所能提供機會及舞台，讓他們早日挑重擔、吃苦頭，未來才能成為國家棟梁。政府無法影響民間企業要不要給年輕人機會，但是對於全部由政府出資的教育行業，政府沒有藉口不推年輕人一把。

我們這次去參觀ＫＩＰＰ時，非常驚訝他們大部份的校長只有三十多歲，每一位校長負責好幾百名學生的國中或國小。事實上，ＫＩＰＰ的兩位創辦人，在二十二年前成立第一家ＫＩＰＰ學校時才二十四歲。這在台灣可能嗎？

話又說回來，如果台灣不讓年輕人當校長，台灣的實驗教育會有創新嗎？

以上是我們過去一年在籌備公辦民營學校時，常常反思的幾件事。接下來，我們會正式向幾個縣市提出申請，希望我們可以一起改變台灣的教育。（本文原刊載於《天下雜誌》獨立評論，作者方新舟為均一教育平台創辦人，林國源為花蓮縣玉里國中校長，施信源為新北市龍埔國小主任）

24歲就當校長的KIPP創辦人麥克．芬柏格：

讓每個孩子都有能力學

文／賓靜蓀

全美最成功、最大特許學校體系KIPP，是美國公辦民營特許學校的標竿。他們接管進駐公立學校已經無法應付、資源特別缺乏的弱勢學區。這些學校多數設在充滿犯罪、破敗的都市邊陲，學校家長絕大多數是低收入戶；學區孩子的高中中輟率經常超過五成，念大學更是稀有夢想。

KIPP兩位創辦人從德州休士頓一所公立中學的一間教室開始改變。截至二〇一六年，已在全美成立超過兩百間KIPP中小學和高中，幫助了八萬名以上的低收入家庭學生，其中九〇%以上是非洲裔與拉丁美洲裔，更有九三%的KIPP畢業生進入大學。

KIPP的成功，在於強調「絕不放棄」這群弱勢學生。KIPP發展出一套「嚴勤管教」的學習文化，以「進大學」「讀完大學」為目標，教導孩子扎實的學習基本功，以及認真、勇氣、毅力、樂觀等品格特質，藉此幫助弱勢孩子擺脫家族惡性循環的命運，走出自己的成功人生。

KIPP用規模和堅持，打破全世界對弱勢孩子學習困境的成見，也著手訓練以

麥克・芬柏格 Mike Feinberg

學歷：賓州大學畢業
經歷：1995年和大衛李文（Dave Levin）在德州休士頓創立第一所KIPP學校，現任KIPP董事，協助KIPP拓展國際合作和交流。
榮譽：「為美國而教計畫」（Teach for America）老師、耶魯大學榮譽博士學位、美國總統公民獎

（圖片提供｜麥克・芬柏格）

色列、南非、印度等國的老師，期待複製這個教育奇蹟。

ＫＩＰＰ創辦人之一麥克・芬柏格，曾在二〇一三年應天下雜誌教育基金會邀請來台參加「國際閱讀教育論壇」。芬柏格接受《親子天下》越洋專訪時表示，「每個孩子都不一樣，我們對孩子做什麼、學什麼應該只有一種高期待，但要如何幫助孩子達到那個期待，卻可以有很多方式。」以下是專訪內容——

Q KIPP孩子中有八成，入學時的閱讀能力低於學年標準，但每所KIPP學校都培養出一種學習文化，讓孩子以學習為榮、為樂，如何做到的？

A 我們讓孩子知道，「我們相信你，對你有很高的期待，我們會逼你用功，也會幫助你。」我訓練新老師時，常用美國黑人作家鮑德溫（James Baldwin）說過的那句話，「孩子永遠不會乖乖聽大人的話，但他們一定會模仿大人。」ＫＩＰＰ的座右銘是「用功學習、友善待人」（work hard, be nice），我們並不是嘴裡說說而已，而是每天示範。你不能期待孩子把功課寫完，自己卻沒有好好備課；你不能期待孩子在遊樂園友善對待彼此，自己卻在教師休息室竊竊私語別人的長短。我們要求孩子做到的，我們自己必須不斷示範出來。

我們最常要求的就是「坐直、看和聽、提問、點頭、眼光跟隨老師」，真的沒什麼特別的道理，就是教孩子「專心」學習每件你期待他們的事、對別人說話時該注意的事，做到了才會獲得信任。我們將人生最重要的原則，分成幾個小部分，並不是要孩子像機器人一樣的遵守，而是教會孩子那代表什麼意思。

KIPP的校長每天早上都教導本日、本週、本月最重要的品格，我們一個個教、每天示範，而不是說，把A項背下來，把B項背下來，他們就是要去做。我們要教孩子不僅通過考試，更教導他們面對人生。

Q KIPP的老師校長「不惜代價」「沒有藉口」的教導，如何在學業、人格上影響這些弱勢的學生？

A 在低收入學區，孩子沒有一般中產家庭或社區的資源，但他們的父母並非比較不愛、不關心自己的孩子，而是他們必須兼兩、三份工作，才能付得起房租、飯錢，多半父母晚上得兼差，孩子做功課時，不能陪伴在身邊。這時有個缺口、有個變數，KIPP就和家庭併肩、看看可以做什麼。

我們大人要成為孩子人生中那個維持恆常、不變的因素，提供孩子人生成功必需的結構和系統。我們的責任不是逃避，而是克服這些挑戰。因此我們要求孩子延長在校時間，參與由學校提供的各種課內、課外活動（中產家庭會自己安排）；所有老師公開手機號碼，告訴孩子，功課有問題先找朋友詢問，但是他們知道，如果朋友也無法解決，永遠可以找到老師幫忙。若在晚上九點以後打電話，他們必須要有很好的理由。

孩子上大學需要一模一樣的技巧。大學生要找教授談，必須配合談話時間。我們從孩子十歲起，就教導他如何成為一個大學生，而不是等到他二十歲。在做這些承諾和執行時，我們告訴自己，沒有藉口不做。

「沒有藉口」當然在某種程度也針對學生，例如當他說：「我不想寫功課，我不想學這個。」我們告訴他，我們對你有高期待，你沒有理由不好好學。

Q KIPP從提供「升大學」準備，到「協助大學畢業計畫」，為什麼？

A 每個孩子入學時，都會以進大學為目標；我們今天所做的工作，就是為了孩子十五年後的成就。剛開始我們很專注的協助孩子進入大學，從八年級開始追蹤，不管孩子繼續念KIPP高中，或進入其他高中，我們都會持續提供額外的協助，如升學輔導等等。九〇％KIPP畢業生會進大學。

但很快的我們發現這裡產生一個成就落差：低收入家庭孩子的大學中輟率為七五％，比高中中輟率五〇％還高！這是一個悲劇。因為這些進大學的孩子，是我們的「搖滾巨星」，他們是十三、四年來聽老師、父母的話，努力學習、取得好成績的孩子，好不容易進了大學，卻因兩、三科沒修完，不能畢業，這真的很慘。

如果KIPP孩子不能完成這個軌道，我們的工作就沒有結束。進大學只是你爬山的一小步而已，我們努力和孩子、家長建立一個穩定的長期關係，當孩子從KIPP畢業，我們不只是他們的老師，也是他們的朋友。你不會在友誼中設定一個時限，這種友誼有時是一輩子的，當你人生遇挫，打電話給朋友求助，你不會說這人從六年級開始是我朋友，十二年級以後就不是了。

Q 弱勢孩子要讀完大學，挑戰是什麼？你們如何協助他們預備？

A 弱勢孩子大學畢業有五個挑戰：

(1) 嚴謹的學習：他們是否準備好面對大學的學業？

(2) 理財能力：付得起學費嗎？（有孩子每週花四十小時打工賺錢，無法念書，成績自然低落）是否懂得申請獎學金、尋求財務援助？家庭是否有儲蓄教育費？

(3) 好的升學輔導：我們提供一切資訊，幫助孩子選擇最適合自己的大學。

(4) 終身的諮商：當孩子遇到生命中的危機，如學業、財務、情感、家庭等，都可以來找我們。第一代上大學的低收入家庭孩子，沒有家長的支持，不是因為父母不要，而是因為他們自己也沒爬過這座山。

(5) 學習的七大品格：毅力、復原力、自我控制、熱誠、好奇、感激、樂觀，這些就像數學、英文一樣，沒人是天生就會的，你必須要學習得來。

我們強調的「用功學習、友善待人」，就是所謂的品格或非認知技巧，不是為了要考試，而是孩子不僅在學校需要這些技巧，在人生也受用。這些不是在每週二下午一點「品格課」裡學習，而是必須融入在每件事情上，任何機會、場合都可以教導，像是遊樂場、實驗室、教室。我們直到遇見賓州大學正向心理學教授賽利格曼（Martin Seligman）和他的學生達克沃斯（Angela Duckworth），才知道KIPP一直在做的，就是教導非認知技巧。所以我們合作，執行一連串實驗計畫，讓我們不但可以教導這些技巧，還可以評估學習的成果。

Q 但不是每個孩子都適合念大學……

A 我同意，大學不一定適合每一個孩子；但是，為了上大學教導的各種技巧，卻是每個孩子都需要的。

我們不應該決定誰該進大學、誰不該，我們的目標是，幫助所有孩子做好繼續學習的準備，等到有一天他們真的進了四年制大學，就知道如何面對大學生活。他們想進兩年制大學、軍校，想跟比爾·蓋茲一樣去創業，或想躺在沙發上享受什麼都不做，都可以。但每道門、每個決定都應該是開放的，孩子有自由選擇要做什麼的權利和能力。

如果你去問一年級的孩子將來要做什麼，大部分會回答「我要上大學學新知」，他們要進大學實踐自己的夢想。公立學校的目標和責任應該是，幫助孩子得到更多技巧，讓他們有更多自由選擇的機會。

Q 你認為KIPP成功的關鍵為何？

A KIPP有兩個基本關鍵成分，一為好的教學（great teaching），二為更多好的教學（more of it）。這不是什麼祕密想法，全世界很棒的學校都會給你同樣答案。如果學校和學生、家長、老師合作，形成一種文化，讓老師們都相信而且願意承諾，教學就會成功。

我們很慎重的選擇老師。老師會來應徵，已經有

KIPP老師對弱勢孩子有高期待，並用品格身教、嚴謹的學習方法，幫助90%孩子成為家族中第一個大學生。（楊煥世攝）

很高的教學動機。我們期待老師必須在專業科目上精進，要對教學和自己的專業有熱忱，如果他們熱愛歷史，孩子就會愛上歷史。

其次，他們要能將腦袋裡的知識和熱情，帶到心裡，將它轉化為打動五歲、九歲、十五歲孩子學習動機的內容。對某些人來說，這是一個天賦的禮物，對大多數人來說，卻需要數年的學習。

第三，他們必須要有一種不惜一切代價、協助孩子學習的態度。

第四、他們是KIPP團隊的一分子，相信並分享同樣的核心信仰、價值。

Q KIPP現在面對最大的挑戰？

A 每一天、每一刻的最大挑戰就是，如何有效的教孩子。教很簡單，但教得有效，就很困難。就像父母，生小孩很容易，但教養小孩很困難。

第二個挑戰是如何找到足夠的好老師、好校長，讓這個體系不斷成長，影響更多孩子和學校。

第三也是最大的挑戰，不管我們做得多好，我們的社會都還不完全相信，低收入家庭的孩子同樣可以在學校成功、擁有成功人生，像富裕家庭的孩子一樣。

我一直這樣比較，想像一所台灣最精英的高中，和一所典型低收入學區的高中，前者的每位畢業生都進大學，大家覺得「理所當然」，如果一個孩子從學校中輟，所有人都會悄悄問：「真的嗎？怎麼可能？發生了什麼事？」但那所低收入學區的高中有學生中輟，大部分人的反應會是「我就知道他念不下去」。如果有孩子畢業並進入名校，就變成一個大新聞，連電視台都來採訪，或拍成勵志電影。整個社會還是在用一個孩子的出身來論斷、期待他的成就。

我們真心相信，來自每個社區、每種家庭的每個孩子，都可以好好學習，可以擁有成功的人生。只有相信這個可能性，校長、老師才會努力、用各種創意，去協助孩子做出改變，否則這件事就不可能達成。

Q 多元選擇／多元形式的學校，對創新教育有何影響？

A 教育的創新，不能用從上而下的方式解決，我們不能要求以一種形式去辦學，然後要千萬種不同的孩子用同一種方式回應。政府應該主導，建立結構和系統、並監督，但應允許不同型態的學校、老師團體、家長、社區，用適當的方式，從下而上去設立學校幫助孩子學習。我們對孩子做什麼、學什麼應該只有一種穩定的期待，但要如何幫助孩子達到那個期待，卻可以有很多方式。

KIPP對公立學校產生兩個意義：

(1)當我們不斷擴大，我們用這樣的規模證明，所有孩子都有學習的能力，也都願意學習。

(2) 當我們規模夠大，我們也打破公立學校壟斷的思考：公立學校沒有競爭。但我們告訴他們，孩子和家長才是你的顧客，如果你沒有做好，他們可以選擇別的學校。當然，我們要向出資的政府負責，但是那是第二層的信用，第一層的信用，應該是對孩子和家長。

Q 你認為數位科技，對KIPP實踐的教育有哪些優劣勢？

A 很久以來，我們期待科技去修補公立教育的挑戰。就像星際大戰一樣，好像你有了那把光劍，就會變成好老師，教育就完成了。但就像任何其他的工具，科技被有智慧的人、以對的方式使用，會發生偉大的事情。但被沒有技巧的人、用錯的方式使用，不但不會發生任何事、甚至會發生壞事。

現在大家都在談混合式學習（blended learning），雖然我不喜歡這樣的名詞，但這是個對的觀念，因為我們將科技混合到教室裡面，所以用科技來協助老師，而不是取代老師的教學。一個好老師加上科技、會成為更好的老師、接觸到更多孩子，在教學工作上會更有效率。

但我們還沒搞清楚要怎樣好好使用科技。目前九五%的教學軟體是垃圾，所以你要像淘金一樣，親自實驗各種軟體，從中找到真正有用的。所謂有用的軟體，不是那種設計精美、孩子愛玩的伎倆，而是幫助老師、家長蒐集更多資訊，知道孩子學得如何。

科技的發展，讓資訊供給更為便利和豐富，允許老師在有限時間內更有策略，因為你不再需要讓三十個學生坐在你面前學整數，如果你知道二十五個孩子了解、但五個孩子不懂，你可以讓那二十五個孩子到電腦前自己練習，但你可以有十分鐘跟那五個孩子個別講解。透過科技獲得的學習資訊，幫助老師更能針對個別孩子的需求，更個別的給予他需要的指導。

人物故事1：偏鄉小校的實驗教育先行者　陳清圳

把有熱情的老師聚起來創造一五%的量變

文／陳雅慧　攝影／黃明堂

堪稱國內偏鄉小校轉型重要發言人的校長陳清圳，過去十餘年以個人之力改變學校文化。面對開放後的實驗教育三法，也親眼感受美國KIPP教育體系用組織改變教育的力道，這位年過半百的校長，希望為實驗教育闖出更多可能性……

雲林縣樟湖國中小校長陳清圳，投入雲林的小校轉型已快十年。有一次，誠致教育基金會董事長方新舟問他：「你覺得自己辦學經驗影響多少學校？」陳清圳回答：「沒有，一所都沒有。」他覺得在目前制度下，要影響一所學校很難，但可以影響人，怎麼把一群熱情想改變的人聚在一起，發揮集體力量，讓量變帶動質變，是翻轉教育的下一步。

陳清圳面對困難時總是說：「問題冒出來，就去解決。做就對了！」很簡單，但是很有力量。

雲林縣樟湖國中小學陳清圳校長，應該是台灣偏鄉中小學最有代表性的校長，不管是政府或是民間相關論壇、會議、工作坊，都想聽他的經驗和建言。二〇一六年暑假提早結束，八月二十二日開學，雲林的樟湖中小學和華南國小，都將開始實行四學期制的課程。

皮膚黝黑瘦高的陳清圳，直到開學前一周，還被許多意外「轟炸」著：開學前不到一個月，學校同仁告知：「營養午餐的供應商要倒閉了，開學後，不送菜！」學生午餐要斷炊的危機，還不知道該如何化解；學校

陳清圳面對困難時總是說：「問題冒出來，就去解決。做就對了！」很簡單，但是很有力量。

的代課老師已經四招，還沒有找到老師。

陳清圳一面頭痛著學校不斷冒出來的危機，一面在假日奔波，準備申辦公辦民營學校，實踐另外一個更大的夢想。在外人眼中，陳清圳一直選一條崎嶇不平的旅程往前衝，但是他心裡的答案卻再素樸不過。

二〇一六年暑假，他跟隨均一教育基金會，參觀美國特許學校ＫＩＰＰ系統，還有多所不同型態的實驗學校。親眼見證學校系統改革的力量，陳清圳也很希望投入建立公辦民營的實驗教育學校，不只解構課程、也解構教育人才的限制。創造夠多的實驗學校，達到十五%學校的量變，影響整體系統。

二〇〇六年，陳清圳在眾人「不祝福」和「勸阻」下，一個人獨自往山裡走，踏進了雲林縣瀕臨滅校，當時只有二十四個學生的華南國小，他不僅改變學校、課程、也改變社區。問他為什麼總是挑難的路走？他眼光熱切，但是毫不遲疑地反問：「人生不就該做有意義的事嗎？我已經快半百了，想追求教育裡的理想性。反正現在也很累，為什麼不讓自己快樂一點？」

Q 為什麼你想投入實驗教育？為什麼還想再辦一所公辦民營的學校？

A 最初我留在一般的公立學校系統內，希望辦一所學校，讓別人看到可能性，但是最後發現：我可以影響很多人，卻無法影響一所學校、因為一所學校就是一個系統，系統內有其獨特的文化性。

用組織影響組織很難，但是可以影響人，人可以再回過頭來，影響組織。我們要追求的理想教育，在學校體制內會綁手綁腳，那有沒有可能把所有有熱誠的人集合起來，辦一所學校？因此要讓不同學校型態開始出現。

依照目前狀況，只有公辦民營的制度才有可能。公辦公營的學校只能解構課程，沒有辦法解構人事，公辦民營學校才可以重新選人。我覺得要投入資源，去創造好的體制讓人想進來，不只是一直在解決沉痾。

Q 校長，外人看你好像傻子，為什麼願意投入做這麼多事情？不確定性很高，又要挑戰既有制度？

A 我看到台灣目前有一群老師想翻轉，在各個學校都有。但是目前的狀況，最多只可以影響部分，無法凝聚組織力量往前進，甚至還可能被僵化的組織文化淹沒下去。

現在要找志同道合的人，用公辦民營特許學校形式來興學。除了辦學，最重要的還要做師資培育和校長培育。

台灣僵化的教育應該要被解構，不然，孩子不可能有深層改變，現在形式化改革，沒有辦法達到目標。我很有信心，但一想到要做這麼多事情，壓力就大。我來到樟湖設校四年了，雖然辛苦，但也沒怎麼。偏鄉學校除了少子化，資源更是短缺，只要有心就可以克服。例如，學校需要遊覽車接送孩子，但不能讓孩子交太多錢，會造成家長太大負擔。學校沒錢，我去募款，做了，就有錢進來。反正碰到問題，就去解決問題吧！

前教育部長吳思華曾經和我分享，學校成功有三個重要特質：第一、學校裡要有一個在地無私奉獻的英雄；第二、辦學要有理念貫穿；第三、要有在地社區人事物的連結。

真的喔！幾乎成功的學校都有這些元素。所以，找老師和校長也要找這樣的特質，正向樂觀不怕困難，不斷創造不斷付出，只要找出這樣特質的人才，給他們資源，一定會成功，不用怕！

Q 現在大家都高度關心偏鄉教育的問題，小校到底要如何維持良好的教育品質？校長的看法？

A 關於偏鄉教育問題，我最擔心的結論是「保校不保質」。也就是說讓學校全部都留下來，但學校品質不好怎麼辦？政府必須掌握一個評估機制，底線是可以裁撤經營績效不佳的學校，讓有能力的人來經營。

試想現在約有五百所五十人以下的小校，若是學校全部保留下來，但是無法確保學生的學習品質，這只會讓教育品質持續低落。要確保學習品質，必須回到老師身上，老師有沒有熱誠？教學有沒有辦法引發學生學習動能？課程有無符合在地化生活化？孩子自主能力有無培養？這些都可以檢核，也必須設計機制嚴密評估。

Q 校長暑假去美國看了公辦民營學校KIPP，有哪些事情印象深刻？

A KIPP讓我很驚訝！這群老師和校長，在聚會的現場，有像瘋子一樣熱情，這是一群看起來不是宗教團體的人，但有強大的宗教狂熱。

狂熱，是發自對教育的信仰和組織的核心使命，因為KIPP的老師和校長都相信，投入中小學教育是為了提升下一代的人力素質。這是教育的任務與使命，也是解決美國及世界社會問題的關鍵，若是能把弱勢家庭的學生帶到大學畢業，未來美國社會衝突和槍枝問題都會減少，人類才會有希望，所以教育是為了讓世界有更好的未來。

因此，KIPP學校聚集了一群頂尖大學畢業的人才。例如哈佛的畢業生都願意投入，雖然領很低的薪水，但是願意投入三、四年的時間去做。這樣的熱忱與嚴謹的教學系統，讓KIPP學校系統，迅速在二十二年間，從零增加到兩百多所學校，速度太快了！

美國KIPP的年會，和台灣暑假裡老師自發舉辦的夢一、夢二（編按：指「我有一個夢」的偏鄉教師共同備課與研習）有點像。但是台灣夢一、夢二教師研習，是社群在運作；美國KIPP的年會聚會，則是以學校系統運作，目的是為了讓組織朝共同目標一起前進。

令人驚嘆的是，KIPP有一整套完整的架構，可以評估每個教學步驟，孩子的每一項人格特質都有精確的指標評量。KIPP也有完整的師資訓練架構。我看到每一個老師和孩子動作和互動，都是正向與彼此相互信任的。

Q 為什麼KIPP公辦民營系統辦學可以成功？美國的公辦民營系統也很多的問題……

A 台灣的公辦民營中小學數量很少，最成功的也只有宜蘭的慈心華德福實驗國高中，實驗教育三法通過以後，大家積極在推動公辦公營學校，但對公辦民營學校想像很少。

要改變僵化教育，不是KIPP搬來台灣就有用，公益平台文化基金會董事長嚴長壽問過我：「若是把資源投入最困難、最難改變的地方，用現在的學校制度，這樣會成功嗎？」前教育部部長吳思華也曾經問過類似問題：「假設把高等教育的五年五百億經費，全部移到偏鄉學校。如果一千所學校，每所學校一年多給一千萬，五年後這些學校能改變，然後永續經營嗎？」

不會！當然不會。因為缺少成功經營的那三個要素，就不會成功。

Q 怎麼協助老師？

A 從美國回到台灣以後，我一直想這件事，教師的甄試制度就不對了！老師和校長的選才制度都不對。現在考什麼？考筆試和教學演示，但是無法考人格特質，而老師這個工作最需要的就是對的人格特質，在現在的制度下，如何可以找到好老師，能把這個工作視為既是職業也是志業？

源頭是師培機構也出問題，因為進入大學的師培課程，也不考核人格特質，大學四年可以培養出好教師的人格特質嗎？讀完四年就可以變成好老師嗎？甄選老師的制度需要修改，好老師無法用現有制度甄選上的。

人物故事2：體制內公校的實驗者　伍麗華

編自己的課本
首創完整原住民教材

文／張瀞文．李佩芬　攝影／鄒保祥

課程的改變，為什麼能讓被判定智能不足的學生變成資優生？
有著原住民血統的校長伍麗華，推動課程在地化，
在熟悉的文化脈絡下，帶起了偏鄉部落孩子的學習動力。

歷任屏東縣泰武、地磨兒國小校長，二〇一六年九月應縣府之邀，履新擔任屏東縣政府原民處處長的伍麗華，是國內推動中小學原民文化教育的一頁傳奇。在教育界服務超過二十七年，父親是安徽人、母親為魯凱族的伍麗華，從小父親就堅持讓她在部落長大，也鼓勵她使用母語與這片土地相連，「不必等落葉才歸根，而是要落地就生根。」她用漢名紀念自己與父親的連結，也用超過二十年的努力，為部落走出原民教育的新頁。

《親子天下》第一次拜訪這位傳奇的校長，是她還在屏東縣泰武國小任內。七月一個下雨的平日，社區冷清，但學校熱鬧，學生在上民族小學課程。伍麗華請我們在小學石板屋喝咖啡，訴說著六年來泰武國小的「變動」。

伍麗華和泰武國小的故事，不僅激勵人心，也是台灣課程發展的重要里程碑。二〇〇九年，當時初任校長的伍麗華到任不滿一週，發生莫拉克颱風，泰武成為危險建築必須遷校。開學前，校地還尚未有著落，伍麗華對著整個部落說：「請大家相信我，沒有一個校長，可以比我把你們的孩子照顧得更好。」六年的時間，伍麗華的確帶著泰武國小經歷了很多「第一次」，沒有辜負當初的豪語。

風災後，泰武國小經歷四次搬遷、兩年半的流浪，成為莫拉克災後第一所完成重建的校園。泰武國小在不同的中繼校區內復學，「歌照唱、山照爬、書照讀」，沒有一天因為失去學校而少掉應有的學習；復校後的新校園，被日本土木學會學者專家譽為「全世界最美麗的小學」。

泰武國小也發展出全國第一套完整的原住民族課程，成為目前國內想發展原住民課程的學校，必定拜訪取經的對象。風災隔年，泰武國小開始在暑假辦「第三學期」民族小學，請部落耆老教孩子族語、木雕、歌謠、射箭、刺繡等，暑假的課程發展出系統，成為現在泰武國小的「民族教育」課程。

伍麗華是國內原民文化教育的重要推手。

教材在地化

融入生活元素，孩子更願意學

第三年，伍麗華和學校老師重編國語、英語及數學三科教材。新教材依循現有課綱架構，為了讓家長安心，降低改變的阻力，伍麗華允諾家長，孩子學完新教材，有能力考一般教科書出版社的評量卷，學力不會落後，轉學到其他學校也不會有問題。

新教材融入排灣族的生活元素、神話故事，孩子聽得懂、更願意學，也在學科學習中認識自己的族群歷史，學習效果有明顯提升。回應在地文化的課程，改變了部落孩子的學習。即將要上國中的巴魯（陳俊瑋），人生因此被改寫。

由年邁的曾祖母照顧的巴魯，從國小一年級開始就每科都考不及格，智力經鑑定只有七十分。四年級時，跟著講族語、過傳統生活的曾祖母住的巴魯，在民族教育課程被老師認為是個「資優生」，總是可以舉一反三。五年級時，貼近生活經驗的新教科書，讓巴魯有機會在學科考試及格，逐漸享受到學習的樂趣。學習上遲來的成功經驗，加上巴魯參加族語比賽，拿了全屏東縣第二名。「這些就好像那朵漂亮的鮮花插在髒亂的房間，為了配上那朵花，也將房間漸漸收拾乾淨。」伍麗華說，巴魯開始自己洗衣服，穿得乾淨淨來上學，也變得在乎學校的規定、上學不要遲到。

拿到族語比賽獎狀那天，巴魯衝進校長室，請伍麗華在獎狀上簽名；他問伍麗華：

「校長，你可以去我們家貼紅榜、放鞭炮嗎？」巴魯說，曾祖母在部落裡總是被瞧不起，他希望整個部落看見他的努力、他希望曾祖母以他為榮。畢業的此刻，巴魯夢想成為族語主播、文化導覽解說員，或是用族語傳道的神父。

只給愛不夠
要給孩子有能力的愛

「對偏鄉孩子來說，愛沒有用，要給他們『有能力的愛』，給孩子能力和自信，教孩子把夢做大。」伍麗華在「為台灣而教」的師訓時，叮嚀要到偏鄉任教的年輕老師們：「孩子家裡愈沒有的，學校愈要加倍的給。」伍麗華認為，給偏鄉孩子能力，需要跳脫「主流」的框架，看見孩子生命的獨特、文化的不同需求。但是，目前國中小課程全國一致，很難顧及學生的多元性，以及社區文化差異，在實驗教育的空間下，學校有機會發展出打破國家規定、真正屬於原住民的課程。

新的學期，伍麗華轉任屏東縣地磨兒國小校長。她的心願是，策略聯盟三所有志一同的學校，成為原住民民族實驗小學。伍麗華相信，學校就是要讓許多不可能的事變可能的地方，她要孩子「把根扎深，把夢做大」，自己也沒有忘記築夢，並努力實現。

人物故事3：台灣華德福教育拓荒者　張純淑

培育學生也培育老師

文／張益勤、陳雅慧　攝影／鄧保祥

張純淑，一個不太廣為人知的名字。
但在台灣提到華德福，就不能不認識她。
不只因為她創辦了慈心華德福，
她還培育了最關鍵的華德福師資，將教育種子灑遍台灣。

「她是台灣華德福教育的『教母』，很有使命感，像苦行僧一樣堅持。我真的很佩服她。」這是公益平台文化基金會董事長嚴長壽眼中，宜蘭縣慈心華德福實驗高中創辦人——張純淑。

台中市市長林佳龍回憶起二十多年前，第一次遇到張純淑，也是第一次聽到「華德福」。「那時單身的我，聽不懂，也沒什麼感覺……沒想到，現在我的孩子也讀華德福學校。」林佳龍後來因為台中有華德福學校，才和太太下定決心在此定居。

前雲林縣縣長蘇治芬任內推動小校轉型，曾在二〇一一年參觀慈心華德福實驗學校，回雲林後也開始推動公辦公營華德福實驗學校。

前台北市教育局局長丁亞雯，曾因為身邊友人為孩子移居宜蘭讀慈心華德福，好奇親自帶著台北市校長到宜蘭觀摩，並在全市校長會議上專題報告。

取經人潮川流不息

一千七百名老師參加師訓

宜蘭慈心華德福實驗學校成立超過二十年，從幼兒園辦起，現在完整的銜接到高中；早已不只是一所額滿排隊學校，而是支撐台灣實驗教育遍地開花的資源和人才平台。

二〇一五年八月一日起，慈心華德福實驗中小學，正式改制宜蘭縣立慈心華德福實驗高中。十多年來，慈

張純淑創辦慈心華德福，也培育師資。她看孩子總是充滿欣賞與關愛，是學生口中的「純淑奶奶」。

心華德福不僅培育學生，也培育老師。二〇〇二年起開辦的師訓課程，至今有近一千七百人，參加三年制華德福師資培育。今年報名師培課程有近三百人，每個月還有好幾位遠從香港和廈門飛來上課的學員。

慈心的暑假校園，少了到處跑跳的孩子，仍舊人車川流不息。

新北市的主任研習班，開著好幾輛大型遊覽車，載著新北市的未來學校領導者進入校園和教室參觀。校長王智弘估計，每年大約有一千到兩千人次參訪學校。

以七月底、連續三天的工作坊為例，來自香港、高雄、台東和雲林的華德福學校老師們都來到宜蘭，和慈心的老師們分年級開小組共同備課。

慈心的暑假辦公室，除了行政人員，還有清大的年輕研究生在學校長期駐點進行田野調查。

很難想像，從沒有法源、財源及團隊開始，催生慈心華德福幼兒園到高中的人，是一個說話輕輕柔柔，學生口中的「純淑奶奶」。

六十多歲的張純淑，是天生的老師。只要遇到小孩就像變了一個人，她會拋開身邊的大人，笑起來眼睛瞇成一條線，專注彎下身和孩子說話。對於小孩正在做的事、說的話，總是有發自內心的好奇。

她看著學生的眼神，總是充滿了驕傲和關愛。

張純淑出生在宜蘭農家，從小在大人面前是個乖巧又能幹的小孩，掃地、煮飯、施肥、抓蟲等家事一手包辦，十歲就可以煮一桌菜招待客人。

在人前總是安靜，被大人叫做啞巴，其實她從小就喜歡和自然、和自己對話。童年，除了種花、種菜，張純淑跟雲玩、跟河玩、跟動物玩，天氣好的時候就拿草蓆出來，躺在外面開始看雲。

反思教育的價值

心疼孩子不快樂，決心辦校

十九歲師專畢業就當老師，這條道路，是以前女孩最理想的出路，人生的勝利組。但這個不愁吃穿的鐵飯碗，卻讓她失去原本的活力，開始反思老師和教育的價值。「每天我把字抄在黑板上，讓孩子抄在簿子裡帶回家寫，隔天再抄回來……如同當年老師教我時一模一樣……周而復始心裡很不舒服，不斷想著這樣對嗎？」

不只僵化的教育讓張純淑覺得不對勁，都市裡疏離的家庭關係，更讓她覺得窒息。「有一次我請小孩畫『家』，結果我的一個孩子，畫了一棟高樓，開了好幾扇窗。每扇窗被鐵窗封著，裡面站著是不同的動物。」一幅圖畫讓張純淑淚流滿面，決定替孩子找一條不同的路。

從台北逃回宜蘭，創辦慈心托兒所是張純淑改變的第一步。

回到宜蘭，張純淑形容自己花了十九年尋找「對的」教材和教法，「大概你聽過的所有教學教法，都嘗試過、也失敗過，其他老師們都覺得我是善變的女人。」

適逢四一〇教改，張純淑義不容辭地參與了「幼兒教育白皮書」的制訂，將教改視為社會改造運動。

直到一九九六年，在德國斯圖加特遇見華德福教育，看到老師和學生溫暖的互動，讓她動容：「我好想當這樣的老師呀！」

張純淑認為，在學校裡，老師才是最重要的角色，因為他們是第一線接觸孩子的人。她辦學重視團隊，將自己放在幕後，有需要時才會跳上火線。

張純淑的教師團隊裡有留歐、留美、畢業於全台名校，抱有理想主義的高材生，或跟她一樣，當過公校教師卻不願被體制束縛的改革者。每個人各有想法，對教育各有想像。大小爭執是辦學生涯中的常態，溝通變成求生技能。她回憶，創辦學校前三年，團隊經常因為一個課程討論就讓老師們「哭的哭、鬧的鬧、氣的氣」。老師、家長都很疲憊，學校差點垮掉。但張純淑從來沒有放棄溝通過，「我要大家靜下來想，到底孩子需要什麼？」一句提醒，喚起了團隊老師的初衷，點醒老師對孩子們的責任。

「其實會來體制外學校的人，都是有理想、有個性的人。」張純淑將每個老師都當做寶，她不斷強調：「學校最重要的就是老師。」

曾經擔任過公校老師，張純淑明白公校老師的限制。她還記得，每次段考的年級排名，關係著老師的面子，讓老師們始終擺脫不了用成績評價孩子。「平時感情再好的同事，段考前可以兩個星期不說話，而且會偷看別人複習什麼。」張純淑坦承，連自己也很難抗拒這種較勁的氛圍，「競爭的思維，是老師的慣性。」

面對這樣成長環境養成的老師，張純淑不指責、不批評，而是用陪伴與肯定，讓老師把心打開，看到孩子不同的面向。漸漸讓老師們不但把教書當做志業，更要成為一種生命任務。「像家人一樣陪伴」，過程中有被支持的老師，久而久之，也會去支持別人，讓更多人受益。

把學校當平台
納入家長力量，親師生共同參與

張純淑延續了社會改造運動的理想，將學校當做平台，經營社群，把家長都納入。家長參與，這也是華德福讓其他學校最羨慕的資源。但這樣的凝聚力量，也不

在嚴長壽（左）眼裡，張純淑是台灣華德福教育的教母。他也找張純淑到台東均一中小學協力辦學，讓偏鄉也有多元教育。

是天上掉下來。張純淑帶領的學校團隊氣氛，讓家長感覺分擔學校工作，是一起創作的過程，更是學習新事物和參與學校與孩子成長的機會。當慈心高中部確定落腳於蘇澳國中裡一棟荒廢二十多年的教學大樓後，在非常倉促的期間內，學校必須完成說服家長、學生和執行「邊做、邊想、邊找錢」的改建工程。為此，學校發起了「慈心高中舊校舍整修再生藝術勞動假期」，讓親師生在暑假期間，可以自由的抽空來參加改建工程。每天的改建工程，設計就像是學校的木工課、打掃課和建築課；每天中午有志工家長輪流準備午餐和冰西瓜一起分享。前前後後整整花了暑假共七十一個工作天，超過七百人次的親師生，一起投入改造工程。

參與的家長謝東育，感觸很深：「教育最重要的就是過程，當我們一直想推動環境教育、永續教育，那我們就應該做給孩子看。」很多投入體制外教育的人，出發點是為了自己孩子找出路；但張純淑不是，她是從老師出發，希望為新一代的孩子開啟不一樣的選擇。這是為什麼她可以走得比較久，不會因為自己的孩子長大，就停止前進。因為總是有新的小孩，需要不一樣的學習。「我的小孩都來不及念我辦的學校！」張純淑雖然心有遺憾，但也清楚教育就是急不來。

從一九七六年創辦慈心托兒所開始，張純淑做為台灣華德福教育的先鋒，可稱做是宜蘭的傳奇人物，但她最喜歡的工作依然是當老師。「每個生命都需要愛」是張純淑一生不變的初衷，她愛孩子也愛老師，也用愛和行動陪伴學校，並且改造社會。

圖為宜蘭慈心華德福全校暑假共同備課的老師。

面對競爭環境下需要不斷成長的老師，
華德福教育主張不指責、不批評，
而是用陪伴與肯定，讓老師把心打開，看見孩子不同面向，
漸漸讓老師不但把教書當志業，更成為一種生命任務。

明日教育

學習與教育 166

作者｜《親子天下》編輯部
責任編輯｜李佩芬・游筱玲
封面設計｜黃育蘋
美術設計｜連紫吟・曹任華
行銷企劃｜林育菁

發行人｜殷允芃
創辦人兼執行長｜何琦瑜
副總經理｜游玉雪
副總監｜李佩芬
主編｜盧宜穗
資深編輯｜游筱玲
版權專員｜何晨瑋

出版者｜親子天下股份有限公司
地址｜台北市104建國北路一段96號11樓
電話｜（02）2509-2800　傳真｜（02）2509-2462
網址｜www.parenting.com.tw
讀者服務專線｜（02）2662-0332　週一～週五：09:00~17:30
讀者服務傳真｜（02）2662-6048
客服信箱｜bill@service.cw.com.tw

法律顧問｜瀛睿兩岸暨創新顧問公司
總經銷｜大和圖書有限公司　電話：（02）8990-2588
出版日期｜2016年10月第一版第一次印行
2018年 8 月第一版第四次印行
定　價｜350元
書　號｜BKEE0166P
ISBN｜（平裝）978-986-93545-9-2

訂購服務
親子天下Shopping｜shopping.parenting.com.tw
海外・大量訂購｜parenting@service.cw.com.tw
書香花園｜台北市建國北路二段6巷11號　電話（02）2506-1635
劃撥帳號｜50331356 親子天下股份有限公司

明日教育/《親子天下》編輯部 著 / 第一版.
臺北市 : 親子天下, 2016.10
256面 ; 17X23公分. (學習與教育系列 ; 166)
ISBN 978-986-93545-9-2(平裝)

1.教育改革 2.趨勢研究
520　105017219

親子天下 Education · Parenting Family Lifestyle
www.parenting.com.tw